Das Buch

Es sollte der Abschluss eines weihnachtlichen Familientreffens sein, doch dann wurde es ein Albtraum: Am 26. Dezember 2004 geriet die Autorin mit ihrer Familie im thailändischen Phuket mitten in den Tsunami. Menschen in ganz Südostasien starben in der tödlichen Welle, noch mehr wurden für lange Zeit traumatisiert. Anke Engel und ihre Familie überlebten, zum Teil schwer verletzt. Ihre Rettung verdanken sie unter anderem dem aufopfernden Einsatz thailändischer Helfer sowie unbürokratischer deutscher Hilfe.

Dies ist ein authentischer Bericht von einer Frau, deren Leben durch das Erlebnis der Katastrophe erschüttert aber dennoch vertieft wurde. Die Autorin schildert aus persönlicher Sicht, was ihr und ihrer Familie zustieß, wie sie damit fertig zu werden versuchte und was ihr dabei geholfen hat. Ein Buch zum Nacherleben – und zum Mutmachen.

Zur Autorin

Anke Engel, 1967 geboren, studierte an der Freien und der Technischen Universität Berlin Geografie, Stadt- und Regionalentwicklung und Sozialwissenschaften. Mit ihrem Mann und ihren zwei Kindern lebt sie in Berlin.

Anke Engel

TSUNAMI

Ein Überlebensbericht

Bibliografische Information der Deutschen Nationalbibliothek:
Die Deutsche Nationalbibliothek verzeichnet diese Publikation
in der Deutschen Nationalbibliografie; detaillierte bibliografische
Daten sind im Internet über <http://dnb.d-nb.de> abrufbar.

Umschlaggestaltung und Titelfoto: Anke Engel
Lageskizze: Anke Engel, Jan-Henrik u. Vincent Hanuschik
Foto 1-8: Thomas und Anke Engel
Foto 9-13 Herzlichen Dank an Dieter Simon für die Erlaubnis
Foto 14: mit freundlicher Genehmigung der Deutschen
Rettungsflugwacht e.V., http://www.drf.de

Lektorat: Helga-Ingrid Meyer-Rath, Lothar Gimm

Kontakt: engel.anke@web.de

Herstellung und Verlag: Books on Demand GmbH, Norderstedt

ISBN-13: 978-3-8370-1700-7

*»Jesus Christus spricht: Ich habe für dich gebeten,
dass dein Glaube nicht aufhöre«*

Lukas 22,32

Im Gedenken an die über 220.000 Menschen, deren Schicksal am 26. Dezember 2004 ohne ihr Zutun jäh besiegelt wurde und die nicht wie wir – ebenfalls ohne eigenes Zutun – die Chance bekamen, einen neuen Lebensabschnitt zu beginnen.

Unser Dank gilt den Menschen, denen wir sofortige und bedingungslose Hilfe verdanken wie der Familie, die uns erste Hilfe leistete und nach meinem Mann Ausschau hielt, dem Personal des ›Phuket International Hospital‹ sowie den ehrenamtlichen und professionellen Helfern aus Deutschland vor Ort, die mit ihrem Einsatz rund um die Uhr einen zügigen Heimtransport möglich gemacht haben.

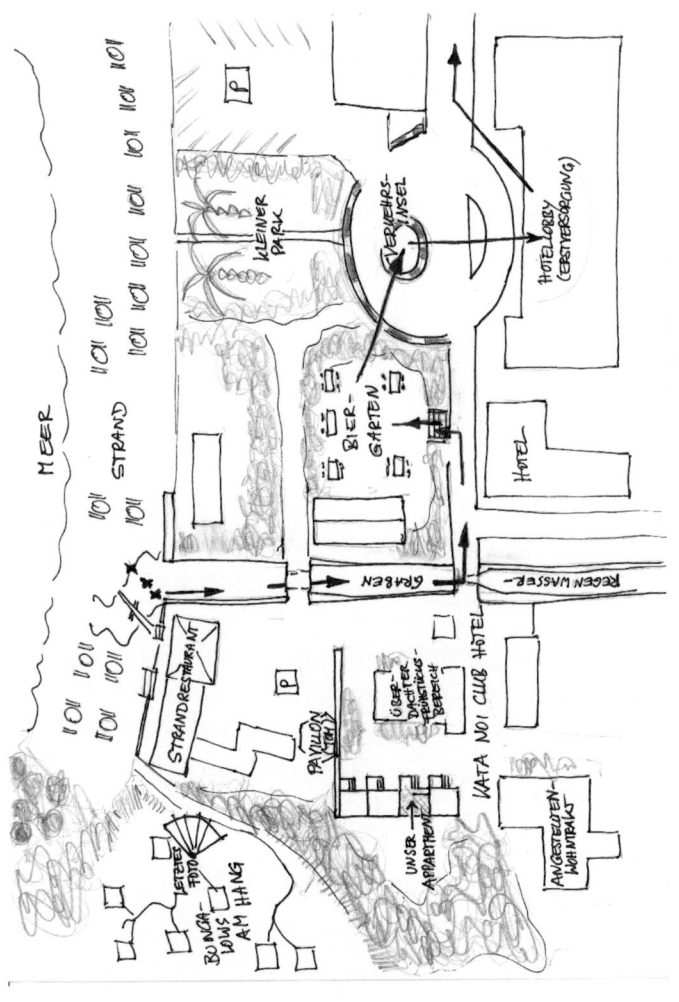

Lageskizze: Strand und Hotelgelände des
Kata Noi Club Hotel (Phuket)

»Raus hier!«, schrie ich meinen Kindern zu und versuchte aus dem reißenden schwarzen Wasser herauszukommen, das uns drei mitsamt dem roh gezimmerten Strandgut die Straße entlang gerissen hatte und sich gerade ein wenig verlangsamte. Ich versuchte eine Böschung hinauf zu klettern, unbeschreiblich froh, den einen meiner Söhne fünf und den anderen zehn Meter vor mir zu sehen, mit offenen Augen und den Köpfen wieder über Wasser. Die rasende ›Fahrt‹, die wir gerade vom offenen Strand, mitgerissen von riesigen Wassermassen genommen hatten, durch einen engen Betongraben und unter Fahrbahndecken hindurch, war mir unbegreiflich und wie der Teil eines anderen Films, den ich im Moment nicht hätte wiedergeben können.

WO WAR THOMAS??! Es gelang uns dreien, uns oberhalb der Böschung in einen etwas höher gelegenen Biergarten zu retten, der zwischen der Straße mit dem strömenden Dreckwasser und dem Strand lag. Sprachlos und zitternd starrten wir in unsere tiefen Wunden, Löcher, in denen Fleisch fehlte, besonders bei Vincent, am linken Schienbein. Das Einzige, was uns in dem Moment einfiel, war, reflexartig aus einem Kühlschrank Trinkwasserflaschen zu nehmen und uns den Inhalt über die Wunden zu schütten.

Der Blick in den blauen Himmel und die Bäume: UNWIRKLICH, ein herrlicher Tag. Jetzt würden wir die Uhr einfach kurz zurückdrehen und wieder an den Strand gehen, unser letzter Tag auf der Insel würde noch einmal beginnen.

I.

14. Dezember 2004. Die Vorbereitungen für die Reise waren weit vorangeschritten. Die Schule hatte ausnahmsweise die Kinder vorzeitig beurlaubt, damit wir endlich einmal alle zusammen meine Schwester Christine mit ihrer Familie im Norden Thailands besuchen konnten. Christine lebte zwar schon vierzehn Jahre dort, doch noch nie hatten wir es geschafft, dort alle zusammen Weihnachten zu feiern. Und so richtig unbeschwert darauf freuen konnte eigentlich nur ich mich. Denn die Kinder hatten gerade begriffen, dass ihnen die letzte Schulwoche mit Plätzchenbacken und Weihnachtsaufführungen abhanden kommen würde.

Mein Mann Thomas war mit seinen vierzig Jahren zwar schon in Thailand gewesen, doch noch nie mit mir und meinen Kindern in einem derart heißen Klima. Immerhin war der Dezember die vergleichsweise kühlste Reisezeit. Doch er hatte sich von mir nur mit einiger Mühe überzeugen lassen, wirklich mit uns zu kommen.

Nun war alles gebucht und fertig gepackt, und immer wieder lief einer von uns kopfschüttelnd an der Reisetasche vorbei, die bis zum Rand voll mit Weihnachts- und Geburtstagsgeschenken und nützlichen Mitbringseln für meine Schwester fertig gepackt an zentraler Stelle im Wohnzimmer stand. Wie um Himmels Willen würden die obenauf liegenden länglichen Rollen mit Geschenkpapier von meiner Mutter nach vierzehn oder mehr Stunden Flug aussehen?? Wie hatte sie überhaupt so voll und vor allem: so schwer geraten können? Die Tasche war es auch gewesen, die uns zum Grübeln und zu mehrfach abgebrochenen Diskussionen genötigt hatte, in welcher Reihenfolge wir die drei Teile unserer Reise während zweieinhalb Wochen gestalten wollten: In Bangkok landen, gleich einen Anschlussflug buchen und zuerst eine Woche zu Christine nach Chiang Mai in den Norden? Dann, um das besagte Gepäckstück erleichtert, über die Weihnachtstage eine Woche im Land herumreisen, zum Beispiel in die Provinz Kanchanaburi, und am Schluss den Kindern das gigantische Bangkok zeigen? Oder zuerst nach Bangkok, denn vierzehn Stunden Flug am Stück sind schon genug zu verkraften, dort den Kulturschock der Metropole ein paar Tage wirken lassen, im zweiten Teil im Landesinnern reisen und am Schluss zu Christine nach Chiang Mai? Wohin dann aber die ganze Zeit mit der Riesentasche? Vielleicht ins Schließfach am Flughafen, Bangkok, o.k. Aber: es wäre doch aber schade, wenn die Geschenke erst nach Weihnachten ankämen. Und überhaupt: natürlich wollte ich am liebsten erst einmal meine Schwester in die Arme nehmen, und meine zehn und elfjährigen Söhne Vincent und Jan-Hendrik freuten sich schon auf ihre Cousinen gleichen Alters, Mirjam und Tabea, und besonders auf ihren etwas älteren vierzehnjährigen Cousin Jonathan. Der Familienanschluss würde ihnen auch das Einleben in dem fremden Land sehr erleichtern, und so entschieden wir uns dann auch dafür. Ein Aufenthalt im »europäisierten« Phuket, das ich mir als eine Art fernöstlichen Ballermann vorstellte, war zu diesem Zeitpunkt überhaupt keine Option.

15. Dezember. Lang und wenig entspannend empfanden wir alle die Flugreise. Nach Landung im International Airport von Bangkok um die Mittagszeit war es recht einfach, einen Anschlussflug nach Chiang Mai zu bekommen. Es gibt genau wie in Europa in Asien eine Anzahl Billigflieger, bei denen man das Ticket in der Wartehalle des Domestic-Bereiches im Airport direkt kaufen kann, und das Einchecken geht in der Regel sehr schnell und unkompliziert. Wir haben es schon erlebt, innerhalb von zehn Minuten ein Ticket zu erwerben, das Gepäck aufzugeben und, kaum im Sitz, loszurollen und dabei noch nicht einmal die Letzten beim Einsteigen gewesen zu sein.

Während der Wartezeit auf unseren ca. einstündigen Weiterflug hielten wir immer nach unserer Maschine von Nok Air Ausschau, die schließlich, nett bemalt als Ente mit einem Schnabel am Bug, am Terminal andockte. Während des Ein- und Aussteigens, wir imitieren es heute noch manchmal gemeinsam und lachen oder weinen dann Tränen, gab es als Bord-Hintergrundmusik einen Kinderchor mit Micky-Maus ähnlichen Stimmchen: »We wish you! – a merry christmas… and a happy, happy, happy! – new year!!!« Süß! Mit Nok Air und eben einer solchen Maschine hätten wir später Phuket am 27. Dezember in Richtung Bangkok verlassen wollen, wozu es dann nie kam. Aber im

1 – *Familienbild: Tom, Jan-Hendrik, Vincent (vorne), Anke*

2 – *Nok Air-Maschine nach Chiang Mai*

Moment wussten wir nicht einmal, dass geänderte Pläne uns überhaupt auf diese Insel bringen sollten.

Aufgeregt und froh waren wir, als wir endlich alle Flüge hinter uns hatten und am Airport Chiang Mai Christine mit der hellblonden Tabea sichteten. Mirjam und Jonathan hatten zu Hause bleiben müssen, um das Pensum an Schulaufgaben der letzten Schulwoche vor Weihnachten zu bewältigen. Es gab ein großes Hallo, und es war auch für uns ein Glück, dass die beiden Zeit gehabt und ein Songtwae, ein hinten offenes Sammeltaxi, für uns alle zusammen hatten auftreiben können. Denn es war rasch dunkel geworden und es stellte sich heraus, dass wir vom Flughafen trotz aller in mehreren e-mails sorgfältig beschriebenen Anhaltspunkte wohl kaum alleine die richtige Stelle an der langen Schnellstraße in Hangdong, einem Vorort Chiang Mais, gefunden hätten, an der wir einen Taxifahrer auf Englisch dazu hätten bringen können anzuhalten, um zu Christines Haus zu gelangen.

Meine Schwester! Sie hatte deutlich untertrieben, was die Größe und Ausstattung ihres Hauses anging, z.B. die edlen dunklen Holzböden, und dessen Lage in einer bewachten, sehr schönen und sorgfältig begärtnerten privaten Wohnanlage mit keiner Silbe erwähnt. Ihren Beschreibungen oder besser: fehlenden Beschreibungen nach hätten wir im Vorfeld fast eine Pension gebucht, um einen Menschenauflauf durch uns angereiste vierköpfige Familie zu ihrer fünfköpfigen plus der tagsüber anwesenden Mitarbeiterin im Büro zu vermeiden. Nun, es gab im

Haus alleine drei Badezimmer, die beschriebenen »drei Zimmer« hatten sich nur auf die Anzahl der Schlafräume bezogen und das riesige Wohnzimmer wie auch das geräumige Büro unerwähnt gelassen. Noch dazu war Christines Mann Philipp für seinen Lehrauftrag an der Universität Bangkok verreist, und wir trafen deshalb die restliche Familie ohne ihn. Meine Schwester und er arbeiteten seit mehr als vierzehn Jahren in Thailand. Er ist an der Universität tätig und arbeitet im Bereich Erforschung noch unbekannter Sprachen, in welchem Übersetzung, Lese- und Schreibfähigkeiten unterstützt und Entwicklungshilfe geleistet werden. Sie sind auch sehr aktiv im Medienbereich, um die oben genannten Aufgabengebiete mit Medien zu unterstützen.

Die Kinder verstanden sich wie erhofft sofort blendend, als hätten nicht drei Jahre dazwischen gelegen, in denen wir uns nicht gesehen hatten. Am folgenden Tag bot sich an, die Weihnachtsaufführung in der ›Grace International School‹ von Jonathan, Mirjam und Tabea zu besuchen, dabei die Schule zu besichtigen und anschließend auf einen Mittags-Snack in die Stadt zu fahren. Obwohl in englischer Sprache, waren die aufgeführten Krippenspiele wie ›There is no Room in The Stable‹ und musikalischen Vorführungen auch für uns sehr zu genießen, und wir konnten uns ein Stück der abgekürzten Adventszeit wieder herbei zaubern. Im Anschluss vermittelte uns ein Lehrer mit einem kurzen Video einen Eindruck von der internationalen, christlich geprägten Schule, in der durch weitgehend ehrenamtliches Engagement der Lehrerinnen und Lehrer ein Schulbetrieb möglich gemacht wird, der für die Eltern bezahlbar bleibt.

Die ganzen Jahre davor hatte meine fleißige Schwester in ihrem Bangkoker Haus alle drei Kinder selbst unterrichtet und dazu Material der deutschen Fernschule in Wetzlar benutzt. Dies ist eine richtige Schule, zu der mit der Post sogar Klassenarbeiten eingeschickt werden und korrigiert zurückkommen, Versetzungs-Zeugnisse ausgestellt werden, etc. Eine internationale Schule in Bangkok wäre für sie nicht nur unerschwinglich, sondern auch viel zu weit entfernt gewesen und hätte zweimal am Tag im üblichen Stau eine Autofahrt von mindestens zwei bis drei Stunden bedeutet. Bis heute fällt mir schwer, das Unterrichten der eigenen Kinder in Gänze nachzuvollziehen, auch wenn meine Schwester früher ein halbes Lehramtsstudium absolviert hatte: Erstens die verschiedenen Altersstufen und Lernprogramme der Kinder unter einen Hut zu bekommen, Jonathan war jetzt vierzehn, Mirjam zwölf und Tabea zehn Jahre alt, und zum anderen in dem Klima, in dem sich das Lehren wie das Lernen über zwei Drittel des Jahres doch sehr mühsam gestalten muss!

Für uns war das Wetter zur »kühlsten« Jahreszeit sehr angenehm. Die Jahreszeiten in dem 1.700 km von Norden nach Süden reichendem Land bestehen nur aus drei Zeiten: der kühlen, trockenen Zeit von November bis Februar, der heißen trockenen Zeit von März bis Juni mit Tagestemperaturen so um die 45° C und der Regenzeit von Juli bis Oktober, in der schon gern mal ganze Straßenzüge samt Häusern von den heftigen Regengüssen unter Wasser gesetzt werden oder Flüsse über die Ufer treten. Während es im Dezember in Chiang Mai, 650 Kilometer nördlich von Bangkok, wenigstens abends bis morgens so kühl ist, dass man gut einen Pullover vertragen kann, vergleichbar einem tagsüber sehr warmen Mai oder Juni in Deutschland, ist das in Bangkok nicht der Fall, und die feuchte Hitze erlaubt dort selbst nachts kaum ein Durchatmen. Ich war deshalb sehr froh, dass die ganze Familie nach Chiang Mai übergesiedelt war, dort ist das Klima einfach gemäßigter und auch Verkehr und Lärm auf den Straßen sind um Einiges geringer. Gut, sie dort zu wissen und nicht mehr in dem hektischen und lärmenden Moloch Bangkok.

II.

Die folgenden Tage waren mit einer Mischung aus Ausflügen manchmal nur zu Viert und manchmal mit Christine und ihren Kindern, die ja noch die letzten Schultage vor den Weihnachtsferien absolvieren mussten, ausgefüllt. Besonders ein prall gefüllter Tagesausflug mit einer Kleingruppe ins Mae Taeng Valley hat uns gut gefallen. Denn dieser enthielt eine Wanderung zu zwei Bergstammdörfern, einen Besuch bei ehemaligen Arbeits-Elefanten in einem Urwald-Gelände, Klettern an einem Wasserfall und Bamboo-Rafting, was hieß, auf einem Bambus-Floß einen ruhigen Flussabschnitt entlang gestakt zu werden. Ein anderer Ausflug führte uns zu dem beeindruckenden botanischen Garten der Königin Sirikit, der durch seine Zugänglichkeit für Besucher, die phantasievolle Anlage und unermessliche Artenvielfalt weltbekannt ist.

Dazwischen genossen wir einfach das Zusammensein unserer Familien. Während die Kinder miteinander spielten, konnten wir beiden Schwestern über alte Zeiten und aktuelle Familien-Geschehnisse austauschen. Da wir aber im mittleren Abschnitt unserer Reise noch ins Landesinnere reisen wollten, waren Tom und ich bereits dabei, weitere Pläne zu schmieden. Phuket war zu diesem Zeitpunkt gar keine Option, denn irrtümlicherweise hatte ich geglaubt, die Insel sei ein Synonym für den »Ballermann« auf Mallorca, also sehr abschreckend für uns. Unsere Pläne beinhalteten dagegen schon eher, über Bangkok in die Provinz Kanchanaburi zu fahren und dort mit der Eisenbahn die Strecke der so genannten Todesbahn zwischen Sai Yok Noi und Nam Tok zurückzulegen. Die Fahrzeiten der Züge, zweimal am Tag von Bangkok aus, hatte ich mir schon zu Hause über das Internet herausgesucht. Zwei Hotel-Resorts hatten es mir angetan, die etwas abseits vom Besucherstrom und rummeligen Treiben der Brücke am Kwai lagen und demzufolge auch nicht so leicht zu erreichen waren. Dort, sehr naturverbunden, hätten wir uns vorstellen können, für etwa fünf Tage Quartier zu beziehen und weitere Ausflüge zu Höhlen und Wasserfällen in die nahe gelegenen Nationalparks zu unternehmen.

Es stellte sich aber trotz hartnäckiger Bemühungen und mehreren Telefonaten, die Christine für uns glücklicherweise auf Thai führen konnte, heraus, dass sich die Anreise dorthin extrem lang und kompliziert gestalten würde. Zwei Verbindungen am Tag, davon die eine frühmorgens, die andere am Mittag hätten bedeutet, dass die eine nicht zu schaffen und bei der anderen wir den Endbahnhof in Nam Tok erst am frühen Abend im Dunkeln hätten erreichen können, um dann in unbekannter Gegend die einzige Fährverbindung über den Fluss Kwai zu finden und mit noch unklarem Fortbewegungsmittel schließlich auf der anderen Seite des Flusses in das bevorzugte Hotel-Resort zu gelangen. Eine Zwischenübernachtung in Bangkok? Noch zeitraubender insgesamt. Realistischerweise musste auch ich irgendwann einsehen, dass dieses Unterfangen als ganze Familie zu anstrengend war.

Das alles brachte uns noch während des Klärungsprozesses auf die Suche nach pragmatischeren Alternativen. Was erreicht man mit dem Flugzeug, also Zeit und Nerven schonend, von Chiang Mai aus, was nicht direkt mitten in Touristen-Hochburgen führt? Thailand, das Land der unzähligen Möglichkeiten, an denen es nicht mangelt, ein Paradies für Spontan-Reisende und Kurzentschlossene wie uns, aber gleichzeitig auch die Qual der Wahl, aus diesen vielen Optionen das richtige Quantum an Erlebnissen zusammenzustellen, ohne sich zu überfordern. Das hatten wir schon bei der letzten Reise so empfunden.

Christine war es dann, die uns von einigen Aufenthalten im Süden der Insel Phuket erzählte und uns beschrieb, dass es viele auch kleinere Strände mit ruhigen Orten dort gab entgegen meinen bisherigen Vorstellungen. Also eine Woche Badeurlaub über Weihnachten statt der angedachten Nationalparkabenteuer? Über ein bis zwei Tage ließen wir den Gedanken daran einfach mal schweifen. Warum auch nicht, Bikini und Sonnencreme ließen sich ja sehr leicht in Chiang Mai erwerben. Während Christine versuchte, telefonischen Kontakt zu einer kleinen Hotelpension in Kata Noi Beach, auf Phuket, aufzunehmen, fuhren Tom und ich in die Stadt, um nach Billig-Flügen zu suchen. Beides war von Erfolg gekrönt und würde sehr unproblematisch zu realisieren sein.

Insgesamt kann man den Entschluss für Phuket als gemeinsame Familienentscheidung bezeichnen. Auch die Kinder, von uns noch mal eingehend befragt, stimmten eindeutig für die Variante ›Badeurlaub‹ anstelle von ›Nationalpark-Adventure‹. So buchten wir dann das kleine ruhige Hotel dicht am Meer und konnten diese zeitaufwändigen Überlegungen für die restliche Zeit in Chiang Mai endlich ruhen lassen. Nach dem Phuket-Aufenthalt würden wir dann die letzten vier Tage im Anschluss an die Weihnachtsfeiertage vom 27. bis 31. Dezember in Bangkok verbringen und Christines Familie dort evtl. noch einmal treffen, wenn ihre eigene Planung das erlaubte. So war es denn auch kein schwerer und endgültiger Abschied, als wir uns auf die Reise nach Phuket begaben.

III.

Viel heißere Temperaturen und eine deutlich höhere Luftfeuchtigkeit spürten wir auf der Insel schon beim Aussteigen aus dem Flugzeug in der hellen Mittagssonne. Abgeholt wurden wir von einem Privattaxi des Hotel-Resorts und konnten, besänftigt durch die Klimaanlage des Autos, bei der etwa eineinhalbstündigen Fahrt von Norden nach Süden über die Insel erste Eindrücke über das südliche Thailand gewinnen. Die Hautfarbe der Thais dort ist z.B. dunkler. In der Mitte der Insel passierten wir eine Haupt-Straßenkreuzung einer Ost-West- mit der Nord-Süd-Verbindungsstraße der Insel, an deren Ecken sich große Einkaufzentren, Möbelmärkte und große Supermärkte wie ›Lotus‹ niedergelassen hatten. Seit den Thailand-Eindrücken würde ich nur noch Supermärkte als ›groß‹ bezeichnen, die nebeneinander mindestens zwanzig Kassen aufweisen und deren Warenvielfalt und –mengen dazu geeignet sind, einen durchschnittlichen europäischen Großstädter wirklich sprachlos zu machen. Ich jedenfalls kann mich nicht erinnern, in Deutschland je beidseitig Regalwände von etwa drei bis vier Metern Höhe und zwanzig Metern Länge voll allein mit Speiseöl verschiedenster Sorten, Größen und Qualitäten gesehen zu haben, in der Mitte des Ganges aufgeschichtete Reissäcke mit der Menge einer ganzen Schiffsladung.

Das hügelige Hinterland ließ während der Fahrt keinerlei Blick auf das Meer zu, erst kurz vor unserem Zielort
Kata Noi Beach führte die Straße in Kata Beach zur Küste.
Meine Schwester hatte nicht zuviel versprochen, wir fanden den ca. einen Kilometer langen, von zwei Hügeln um-
gebenen Strand Kata Noi auf Anhieb sehr idyllisch und
reizvoll. Zwei Reihen Sonnenschirme und ausreichend
Platz davor und dahinter deuteten auf eine entspannte
Strandbenutzung hin. Hinter dem Strand eine Reihe mit
gemäßigt erscheinenden Hotels und hinter dieser eine
längs dem Strand verlaufende Straße mit Geschäften, Restaurants und noch ein paar Hotels, wovon unseres das
letzte in der Reihe den Abschluss der Straße am Fuße des
hinteren Hügels bildete.

›Was für ein Treffer‹, waren meine dankbaren Gedanken an meine Schwester, nachdem wir die verschiedenen
zweistöckigen Gebäude der Hotelanlage, die sich um einen
Garten mit überdachtem, an den Seiten offenem Restau-
rant in der Mitte gruppierten, in Augenschein genommen
hatten. Unser Zimmer mit Eingang über eine halboffen
konstruierte Veranda lag wirklich in nur ca. fünfzig Metern
Entfernung zum Strand, in Erdgeschosslage, und war nur
einen Meter höher gelegen als der Garten. Wenn man vor
der Veranda stand, reichte der Fußboden des Zimmers
und der Veranda etwa in Bauchhöhe. Über die Steinbrüs-
tung und den schweren Holzsessel vor unserem Zimmer
hängten wir immer unsere Handtücher zum Trocknen auf,
und sämtliche Schuhe sammelten sich im Laufe der Tage
vor der Eingangstür. Diese war aus recht massivem Holz.

Das sind Details, die nur deshalb erwähnenswert sind, weil es hierbei bis heute einige ungelöste Rätsel gibt.

Um zum Strand zu gelangen, musste man nur durch den Garten um eine Mauer herum gehen, einen Parkplatz und ein Strandcafé queren, und zwar immer entlang eines ca. eineinhalb Meter breiten Grabens, der direkt auf das Meer zulief und aus dem Hinterland wahrscheinlich zur Regenzeit größere Mengen Regenwasser ins Meer transportierte. DER GRABEN! Jetzt war er jedenfalls nur zu einem Drittel voll mit brackigem Wasser, und sein Auslauf zum Meer hin war auf Strandhöhe versandet und als feuchte Senke direkt unterhalb des Strandcafés mit Hilfe eines kleinen Holzsteges gut überquerbar. Auf seinem Betonrand balancierten wir oft bis zum Ende, den Weg zum Strand abkürzend, um nicht immer durch das Strandcafé hindurch zu müssen.

Hatten wir es im Norden Thailands schon sehr schön gefunden, brach jetzt erst recht die Urlaubsstimmung aus, unverhoffter Strandurlaub, lazy life, ein wunderbares Gefühl besonders im Kontrast zu Europa mit seinem Dezember-Winterwetter. Der Strand war schön und friedlich und das Wasser warm und mit rein sandigem Untergrund, sodass wir einmal sogar nachts alle zusammen baden waren, bei Mondschein. Tagsüber genossen wir den Strand oder machten kleine Wanderungen bis in den Nachbarort Kata Beach. Abends probierten wir uns durch die einheimische Küche und fanden alles lecker. Das abendliche Essen benutzten wir auch, um den Internetanschluss der Restaurants zu benutzen und begeisterte e-mail-Grüße abwechselnd nach Chiang Mai und nach Europa zu unseren Eltern und Freunden zu versenden. Und natürlich auch, um die nächste Station unserer Reise zu recherchieren und vorauszubuchen, ein Hochhaus-Hotel mit Dachterrassenpool in Bangkok. In der Stadtluft der Metropole würden wir einen Pool für zwischendurch bestimmt schätzen. Den Rückflug von Phuket nach Bangkok für den 27.12. hatten wir schon nach der Landung im Flughafen festgemacht, hoffentlich wieder mit einer der netten Enten-bemalten Nok Air-Maschinen und den niedlichen Kinderchor-Weihnachtsliedern.

24. Dezember, Weihnachten! Sonnenbebrillt Wasserball spielen im knietiefen Wasser, wir waren uns sehr sicher, in diesem Jahr etwas absolut richtig gemacht zu haben und das ganze Beiwerk der Feiertage in weiter Ferne zu wissen. Nicht ahnend, dass wir uns exakt zwei Tage später hier am absolut FALSCHEN Punkt auf der Erde befanden und für unser Leben sofort selbst mit Grönländern getauscht hätten!

Tom hatte sich für den Vor- und Nachmittag eine Tauchtour gebucht und war mit einer Gruppe von Tauchern unterwegs auf der Rückseite, der Ostseite der Insel, Jan-Hendrik, Vincent und ich blieben am Strand.

Für den Abend hatten wir im Strandrestaurant ein Thai-Barbecue vorbestellt, und wir waren bester Laune, als wir mit einer Tüte eingepackter Geschenke nach dem Dunkelwerden dort ankamen und wir den Tisch sogar kurzerhand direkt von der Terrasse den Strandsand stellen durften. Christine war schon immer die Geschenk-Künstlerin unserer Familie gewesen und da sie wusste, dass wir nicht viel Zusätzliches umherschleppen konnten, hatte sie für jeden von uns sorgfältig nachgedacht, und wir freuten uns königlich beim Auspacken während des Aperitifs. Nachmittags hatten wir miteinander telefoniert, uns frohe Weihnachten gewünscht und Mirjam zu ihrem 12. Geburtstag gratuliert. Philipp war aus Südthailand inzwischen wieder in Chiang Mai bei seiner Familie eingetroffen, jedoch unter großen Strapazen, da das Auto schon auf dem Hinweg mit kochendem Kühler liegengeblieben war, sein Aufenthalt durch die Reparatur verlängert und der Rückweg schließlich wieder mit dem gleichen Problem gespickt war. Das hatten wir bei unseren abendlichen Essen und e-mail-Abrufen aus Nachrichten meiner Schwester mitverfolgen können.

Das von zwei Thailänderinnen am Tisch zubereitete Thai-Barbecue war köstlich und wir genossen bei 24° Grad unter freiem Himmel am Strand den Abend. Ich kann mich tatsächlich an kein schöneres Weihnachten erinnern.

Später, als die Kinder schon im Bett lagen und Tom und ich am friedlichen nächtlichen Strand auf zwei von den Strandliegen Platz nahmen und auf das dunkle Meer blickten, war am anderen Ende des Strandes etwas Wunderschönes zu beobachten: In etwa einem Kilometer Entfernung wurden, anscheinend von der Hotelanlage am anderen Ende des Strandes inszeniert, nacheinander große, langsam schwebende organge-gelbe Lampions in die Dunkelheit hinaus geschickt. Erst waren es nur wenige, dann immer mehr, vielleicht fünfzig, und da sie so groß waren, konnte man sie unendlich lange dabei beobachten, wie sie friedlich über das Meer schwebten und dabei aussahen wie in den Himmel gehängte Sterne. So etwas Schönes! Dieses Bild hat einen tiefen Frieden in mir hinterlassen.

25. Dezember. Für den ersten Weihnachtstag, an unserem vorletzten Inseltag, hatten wir einen Tagesausflug gebucht, der mit einer kleinen Gruppe von Leuten auf der Ostseite der Insel eine Bootstour zu Klippen und Inseln in der Andamanensee u.a. zur James-Bond-Insel Khao Phingan beinhaltete. Dieser Ausflug mit fünfzehn Leuten verschiedener Nationalitäten durch die türkisblaue See mit ihren steil aufragenden rund gebuckelten Felseninseln war sehr beeindruckend. Auch durch die persönliche Betreuung und Bewirtung an Bord des Schiffes durch zwei oder mehr Thai-Familien waren die Kontakte und Gespräche an Bord nett und entspannt. Vom Ausflugsschiff aus wurden wir von Thais mit mehreren Kajaks zwischen den imposanten, steil im Wasser aufragenden Felsformationen hindurchgepaddelt. So gelangten wir an einer unscheinbaren Stelle zu einem niedrigem Felsentor, das nur bei niedrigen Wasserständen zweimal am Tag passierbar ist und nach Durchfahren des dunklen Gewölbes zu einer ringförmig von Felsen eingeschossenen Lagune, in der eine unglaubliche Vielfalt an Tieren und Pflanzen zu bewundern war. Staunende Stille.

Dieser Weihnachtstag mit Genießen der wunderschönen Natur und den zwanglosen Gesprächen mit den australischen Touristen und zwei Taiwanesen war sehr entspannt und eindrucksvoll. Niemand von uns kann in Zukunft blickten, gut so! Niemals hätten wir den Tag so erleben können angesichts der nahenden Ereignisse des nächsten Tages. Oft mussten wir später an die thailändischen Familien auf ihren Ausflugsbooten denken, deren tägliche Existenz so sehr von dem Erscheinen der gemäßigt kleinen Touristengruppen abhing! Und an die beiden netten jungen Taiwanesen, mit denen wir uns eine Weile unterhalten hatten, die mitten im Ort Patong, der so schlimm getroffen wurde, ihr Hotel hatten.

3 − *Tom mit Vincent und Jan-Hendrik im Strandcafé*

4 − *Anke – die schweren Strandmöbel aus rohem Holz wurden später zu Geschossen*

5 – Heiligabend im Strandrestaurant beim Thai-BBQ

6 – 1. Weihnachtsfeiertag: Ausflug in der Andamansee auf der Ostseite der Insel Phuket = Tag zuvor

7 – Bild vom Strand (in den ersten Tagen aufgenommen)

8 – Bild ca. eine halbe Stunde vor dem Tsunami

IV.

26. Dezember. Durch irgendetwas waren wir alle gleichzeitig wach geworden, recht früh am Morgen. Wir hatten uns jedoch nichts dabei gedacht, sondern waren einfach zum Frühstück gegangenen. Einige Leute berichteten uns später, sie hätten die Erschütterungen des Erdbebens gemerkt. Dies konnten wir nicht bestätigen, aber vielleicht war es das gewesen, was uns geweckt hatte. Wir können uns auch nicht erinnern, ob der Haushund, der sonst immer zu Füßen der Gäste gelegen hatte und die zwei zahmen Vögel an diesem Morgen nun da waren oder nicht. Jedenfalls lagen wir »gut in der Zeit«, als wir unseren kleinen Rucksack mit Lesestoff und Sonnenbrillen befüllten und Handtücher über die Schulter nahmen und uns in Richtung Strand aufmachten. Unser letzter Phuket-Tag!

Vorher stiegen wir noch die Stufen der benachbarten Bungalowanlage den Hügel hinauf, um ein paar Abschiedsfotos des idyllischen Strandes von oben hinunter zu machen (siehe Titelfoto). Was auf den Bildern zu erkennen und auch noch aus der Nähe am Strand angekommen, merkwürdig schien war, dass das Wasser − vielleicht in der Nacht? − einen höheren Wasserstand gehabt hatte als während der gesamten vergangenen Woche, was man deutlich an der Linie des nassen Sandes erkennen konnte. Wir begannen eine Diskussion über Springtiden und Nipptiden und welche Voraussetzungen dafür gegeben sein müssen. Erst vor kurzem sind wir anhand der Fotos stutzig geworden und auf die Idee gekommen, dass vielleicht einfach eine zweite Reihe an Liegen und Sonnenschirmen aufgebaut worden war während unseres Tagesausfluges am Tag zuvor, sich deshalb die vordere Reihe nun etwas dichter am Meer befand und es dadurch näher wirkte. Es ließ sich jedenfalls per Diskussion nicht abschließend erklären. Wie verhängnisvoll für unser weiteres Verhalten.

Denn ich hatte vielleicht zehn Minuten auf der Liege gesessen und gelesen, und die Kinder hatten weiter vorne etwas im Sand gebaut, als das Meer plötzlich anfing, sich rasend schnell zurückzuziehen. Etwa so, als hätte man in einer Badewanne den Stöpsel gezogen. »Na, da hast Du dann jetzt Deine Nipptide«, rief ich Thomas zu, in Fortsetzung unserer eben geführten Diskussion und erhob mich neugierig und verblüfft, zweifelte aber selbst an meiner Aussage. Es waren noch nicht viele Leute am Strand, so gegen zehn Uhr, aber alle waren plötzlich auf den Beinen und schauten dem Phänomen zu. Sie liefen dem zurückweichenden Wasser nach, die Augen auf verschiedene Kleinlebewesen gerichtet, die auf dem trockenen gefallenen Meerboden zu sehen waren. »Wir gehen nicht nach vorne! Bleibt hier! «, stieß ich hervor, und ein Thai winkte und rief: »not swim!«, was wegen des erkennbaren Soges des Wassers sofort einleuchtend erschien. Er hatte auch eine rote Flagge in der Hand, die man aber nicht sehr gut sehen konnte, aus weiterer Entfernung bestimmt überhaupt nicht mehr. Ein Fischerboot mit seinem Anker lag jetzt plötzlich in Schräglage auf dem Trocknen, den Anker neben sich, und in vielleicht dreihundert Metern Entfernung ragten einige spitze Felsen hervor, die nie vorher oberhalb der Wasseroberfläche zu sehen gewesen waren. Dies hier hatte nichts mit Ebbe und Flut zu tun, dazu ging es viel zu schnell! Ich redete aufgeregt auf meine Familie ein, dann kam mir das Wort: ›Tsunami‹ in den Sinn, als mein Mann sehr bestimmt sagte: »Jetzt hab keine Panik! Alles ok! Verbreite bitte nicht solchen Stress!«. Es war ja auch so unwahrscheinlich. Mein Blick ging zum Himmel – knallblau! zur Sonne – bestes Wetter, als ob das etwas damit zu tun haben müsste. Das was ich dachte, konnte nicht sein, nicht jetzt und nicht hier, vor allem nicht typischerweise im Indischen Ozean, so weit meinte ich doch über Kenntnisse aus meinem Geografie-Studium zu verfügen und beruhigte mich einen kurzen Moment.

Die Leute liefen also wie bei einer Wattwanderung, den Blick meist auf Muscheln und nach Wasser ringenden Fischen am Boden gerichtet, weit dem zurückweichenden Meer hinterher. So auch Tom, etwa hundertfünfzig Meter weit. Ich selbst war nur einige Meter weit gegangen, innerlich weiter alarmiert, aber untätig, den Blick auf den Horizont gerichtet. Ich wollte sehen, wie weit das Meer noch verschwand, und konnte die Entfernung überhaupt nicht schätzen. Die Kinder, wahrscheinlich zwischen meinen Warnungen und Toms Entspanntheit hin- und hergerissen, blieben auch nicht allzu weit vom Ufer entfernt stehen und kümmerten sich um kleine Fische, die sie in Wasserpfützen beförderten und so vor dem Ersticken bewahren wollten.

Mit einem Mal erkannte ich, dass das Wasser bereits wieder bis zu den gezackten Felsen auf vielleicht dreihundert Meter zurückgekommen war, und schrie im Reflex: »Lauft! Lauft!«, und diesmal hatten die Kinder den Ernst der Situation über den Klang meiner Stimme erfasst und fingen wie ich an, wegzurennen. Ich schnappte noch den Rucksack von dem kleinen Tischchen zwischen unseren Liegen. Ein letzter Blick zurück über die Schulter zeigte mir, dass das Wasser bereits fast an den Liegestühlen angekommen war. Ich sah Toms verdutztes Gesicht, während er im Wasser schwamm, das noch nicht auf ein Hindernis getroffen war und noch recht glatt aussah. Er war bei der inneren Ruhe und dem »don't panic« geblieben, wollte sich von der Welle an Land tragen lassen und erfasste den Ernst der Situation erst, als die Geschwindigkeit des Wassers rasend zunahm und er dort, wo er den Strand vermutete und stehen wollte, überhaupt keinen Grund unter den Füßen bekam. Anders als ein paar Strände weiter kam die Welle hier auch nicht als weiße schäumende Wand an, sondern die Wassermassen kamen waagerecht, nur sehr schnell und mit sehr hohem Druck.

Als die Kinder und mich das Wasser erfasste, Bruchteile von Sekunden nach meinem letzten Blick auf Tom, waren wir bereits hinter den Strandmöbeln, exakt an der Stelle, wo der Regenwasser-Graben auf das Meer zulief und in die sandige Senke mündete. Das Wasser warf mich auf die Knie und riss mir unseren Rucksack aus der Hand. Vincent hatte noch versucht, auf meine Höhe zukommen und meine Hand zu ergreifen, aber keine Chance. Die folgenden Sekunden waren wie eine gewaltsame Irrfahrt durch einen Achterbahn-Tunnel, die mein Leben bis heute in zwei Teile teilen: vorher und »Gott-sei-Dank« nachher. Ich wurde Kopf unter Wasser brutal durch den Graben gerissen, mit harten Gegenständen und Trümmerteilen zusammen unter einer Fahrbahn durch und spürte nur noch, wie mein Körper im rasenden Tempo völlig willkürlich an verschiedenen Stellen anschlug und mein rechter Fuß irgendwo anschmetterte. Währenddessen checkte mein Bewusstsein die Lage wie ein Betrachter von außen, völlig nüchtern, mit ruhiger Stimme: »Das ist das Ende. – NEIINN!!! – doch, so sieht das Ende aus. So wird es jetzt einfach weiter gehen, bis dein Körper zerschlagen und zerschmettert ist und du nicht mehr bist.«

Obwohl sich diese Gedanken sogar mehrmals wiederholten, bei jedem Schlag und Hindernis sich mehr bestätigten, ein mentaler Todeskampf, der Wassergewalt passiv ausgeliefert ohne jede Chance, muss es in Wirklichkeit sehr schnell gegangen sein, denn ich hatte nicht das Gefühl, unter Wasser Luft holen zu müssen oder zu ertrinken, und keiner von uns hatte später Wasser in der Lunge. Nach etwa achtzig Metern verengte sich auf Höhe unserer Hotelzufahrt der Kanal zu einer engen Röhre, das Wasser passte hier nicht hindurch und schoss im 90Grad-Winkel nach links auf die Straße und wir mit ihm. Dann plötzlich hatten wir den Kopf wieder über Wasser, und ich konnte die Kinder vor mir sehen, Vincent fünf Meter und Jan-Hendrik zehn Meter vor mir, in einer unglaublich dreckigen reißenden Brühe zusammen mit lauter Treibgut, das uns Verletzungen zugefügt hatte. Die Strömung schleifte uns regelrecht über den rauen Asphalt. Mit den Händen konnten wir uns einige der Trümmer vom Leib halten.

Als ich sah, dass das schwarze Wasser sich etwas verlangsamte und auch nicht so tief war, schrie ich meinen Kindern zu, sich in den eineinhalb Meter höheren Biergarten heraus zu retten, an dessen Böschung wir entlang geschürft waren. Ich war so froh, die Kinder in Reichweite zu haben, aber Tom konnten wir nicht sehen. Zitternd und vor Entsetzen gelähmt standen wir einen Moment orientierungslos zwischen den Tischen und Stühlen des Biergartens, der zwischen der Straße und dem Strand abgeteilt durch Schilfbepflanzung lag. War das, was gerade passiert war, Wirklichkeit? Oder könnten wir kurz noch mal die Zeit zurückdrehen und den Tag neu beginnen? Erleben und Begreifen waren total voneinander getrennt. Völlig unter Schock war das Einzige, das mir einfiel, den Kühlschrank neben der Bar zu öffnen und Wasserflaschen herauszugreifen, die ich Vincent und mir über die klaffenden, aber bisher kaum blutenden Wunden goss. Vincent war von allen Seiten verletzt, er hatte eine lange Kopfwunde, tiefe Schnitte in der Leiste und am Po, außerdem klaffte ein großes Loch quer über sein Schienbein. Da fehlte Fleisch, wir sahen in einen großen Krater. Jan-Hendrik hatte kaum etwas abbekommen außer starken Schürfungen. Mein rechtes Fußgelenk fühlte sich an wie zerschlagen und war zerschnitten, ich konnte nicht auftreten und musste es dennoch. Ich sah an mir hinunter, ein komischer

Anblick — die Sonnenbrille hing mir an einem Bändsel um den Hals, das Oberteil noch normal, dagegen die Bikini Hose weg, also halb nackt stand ich dort, aber das war völlig unwichtig.

Da brach plötzlich von der Meerseite durch die Bepflanzung, die wie eine grüne Wand den Blick auf das Meer versperrt hatte, eine zweite Welle, höher als die erste, über den Biergarten herein und zwang uns, vor Panik schreiend, ein Stück weiter zu fliehen, aber wohin? Wir retteten uns ein paar Meter weiter auf eine Plattform, eine kleine Verkehrsinsel und trafen hier auf vielleicht fünfzehn andere Menschen, die dort Zuflucht gesucht hatten. Bei der zweiten Welle brach dort auch etwas Panik aus, weil man die Straße nicht einfach überqueren konnte, auf der im etwa knietiefen grauschwarzen Wasser die rohen schweren Holz-Strandmöbel und Anderes hin und her geschleudert wurden. Jemand gab mir ein Tuch, um meinen Unterleib zu bedecken. Alle zusammen durchquerten wir schließlich das grauschwarze Wasser der Straße, wobei wir drei über die Straße und das Wasser getragen wurden, und retteten uns in eine höher gelegene Hotel-Lobby. Vincent und ich schienen an dieser Stelle die einzigen Verletzten zu sein, und hilfsbereite Touristen kümmerten sich um uns, brachten Handtücher und legten uns in die Lobby. Jan-Hendrik berichtete später, dass man ihn zu einer Dusche begleitet hatte, was mir trotz meiner ständigen Sorge, dass wir uns in dem Chaos verlieren und wir getrennt werden könnten, völlig entgangen war. Meiner Meinung nach bei klarem Verstand war ich also in Wirklichkeit im Schockzustand. Es hieß plötzlich, dass wir mit dem Taxi in ein nahe gelegenes Krankenhaus gefahren werden sollten. Einer Urlauberin aus der Schweiz, deren Sohn Arzt war und uns Erste Hilfe leistete, sagte ich unsere Namen und bat sie voll Verzweiflung, nach meinem Mann zu suchen und ihm zu sagen, dass wir am Leben und auf dem Weg ins Krankenhaus seien. Ihr Mann und ihr Sohn, der Arzt, kümmerten sich noch weiter um uns und begleiteten uns. Dann wurden wir in ein Taxi verfrachtet und die Fahrt ging los.

Wie entsetzt war ich, als die Fahrt nach nur fünfhundert Metern an der Strandstraße zu Ende war und wir aussteigen sollten! Hier sollte das ›Krankenhaus‹ sein, aber es war sofort klar, dass es nicht mehr als ein Sanitätsraum des großen Hotels am Ortseingang sein konnte. In mir sträubte sich noch dazu alles, als wir sahen, dass der Erste-Hilfe-Raum im Souterrain des Hauses lag. Dort griff der mitgekommene Arzt ins Regal und holte Verbandsmaterial. Aber genau jetzt schoss die dritte Flutwelle, die stärkste bisher, durch die Hotel-Lobby, Menschen schrien vor Panik, rannten in alle Richtungen, und überall klirrten Scheiben von Läden und Massage-Salons, die den Wassermassen nicht standhalten konnten. Auch der Sanitätsraum bestand nur aus einer Scheibe von der Decke zum Boden und einer Glastür. Dem Arzt und Jan-Hendrik gelang es mit allergrößter Mühe, die Tür zuzudrücken, so dass das Wasser im Raum nur auf etwa Kniehöhe stieg. »Weg hier, nach oben!« Alle Personen, die mit uns waren, retteten uns und sich in den ersten Stock des Hotels. Es stellte sich die Frage, von hier auf das Dach zu klettern, aber ich war dagegen, zum einen weil es mein Fuß unmöglich machte ganz abgesehen von Vincents Zustand, zum anderen, weil gleich neben dem Hotel die Straße in einer Kurve auf den Hügel hinaufführte wie ich wusste. Niemand von uns konnte einschätzen, wie das Wasser sich verhalten würde, ob weitere, höhere Flutwellen folgen oder das Ganze sich beruhigen würde. Deshalb schien mir das Dach wie eine drohende Falle. Auf einem Sofa bekamen wir Notverbände angelegt und waren heilfroh, dass bisher keine unserer Wunden zu heftig blutete. Bei dem Anblick von viel Blut hätte ich nicht mehr halbwegs rational denken können. Mit einem Mal schien sich die Information über ein Transportfahrzeug zu verbreiten und wir wurden zu zwei anderen Verletzten hinuntergebracht, durch das Wasser über die Straße getragen und in einen Pickup verfrachtet. Sofort ging die Fahrt los, diesmal wirklich ins Krankenhaus, so schnell es ging. Die beiden anderen Verletzten hatte es schwerer erwischt, die Frau verlor viel Blut und war ständig der Ohnmacht nahe, Jan-Hendrik und ich versuchten sie und Vincent ständig daran zu hindern, das Bewusstsein zu verlieren während der Fahrt.

Wie in einem amerikanischen Katastrophenfilm baute sich folgendes Szenario auf: Bereits hinter dem nächsten Ort Kata Beach gerieten wir in einen Stau! Nichts ging mehr, alle wollten weg von der Küste, eine riesige Autoschlange! Neben den stehenden und hupenden Autos liefen viele Menschen zu Fuß die Anhöhe der Küste hinauf, einer Völkerwanderung gleich. Mitleidige Blick in unseren

Verletztentransport. Zum Glück gab es Verkehrspolizisten, die schrill auf ihrer Trillerpfeife pfiffen und unseren Wagen an der Schlange vorbei auf die freie Gegenspur lenkten, so dass es doch weiter ging. Es dauerte trotzdem lange, und wir hatten immer größere Mühe, die Frau und Vincent bei Bewusstsein zu halten.

Im Phuket International Hospital angelangt eilte sofort Krankenhauspersonal zu uns, so dass die Frau und Vincent im Liegen und ich im Rollstuhl nach drinnen gefahren wurden, Jan-Jendrik und der andere Mann konnten selbst laufen. Obwohl die Fahrt ewig gedauert zu haben schien, in Wirklichkeit etwa eine halbe Stunde, waren wir unter den ersten etwa fünfzig Verletzten. Beim Anblick der anwesenden Menschen und deren schweren Verletzungen wie klaffenden Wunden oder offenen Brüchen wurde sofort klar, dass meine Kinder und ich zu den leichter Verletzten zählten. Wir wurden in der Krankenhauslobby abgesetzt und bekamen Decken umgelegt. Ständig kamen Schübe mit neuen Verletzten zur Tür herein. Wir bekamen mit, wie vorbildlich das Krankenhauspersonal jedes Mal blitzschnell den Verletzungsgrad sondierte, Personen in verschiedene Richtungen sortierte und sich der Schwerverletzten so schnell es ging annahm. Aber es waren so viele! Und trotzdem fand nach vielleicht einer Viertelstunde sogar auch jemand Zeit, den übrigen Herumsitzenden, allesamt im dämmernden Schockzustand, Trinkwasserflaschen zu bringen sowie Klemmbretter mit Fragebögen und Stifte in die Hand zu drücken, um deren Personalien zu erfassen.

Ich wagte nicht, das viele Leid und die Schmerzen der Menschen allzu genau anzusehen, war aber von der Hoffnung getrieben, dass Tom unter den nächsten Ankommenden sein könnte und konnte deshalb nicht damit aufhören, immer wieder neue Gesichter zu mustern.

Thais sind sehr kinderlieb und vielleicht deshalb nahm sich uns, besser gesagt Vincent, der auf einer Liege in unserer Nähe vor sich hindämmerte, nach einer kurzen Zeit jemand an. Nach wie vor war meine Angst als Mutter übergroß, wir könnten voneinander getrennt werden. Zu dritt wurden wir in die Kinderstation und in ein ruhiges Zimmer gebracht, das gepflegten Hotelzimmerstil hatte und uns sofort Geborgenheit einflößte, für die nächsten Tage unsere ›kleine Muschel‹. Schon beim Transport durch die Gänge dorthin wurde klar, dass es sich hier um einen gerade fertig gestellten Klinik-Neubau (Anbau) mit hohem Standard handelte, eher für Touristen als für Einheimische. Das Zimmer! Außer einem Bad, einer kleinen Küchenzeile im Flur mit Kühlschrank bestand es aus einem klimatisierten Raum mit hellem Steinboden und honigfarbener Holztäfelung mit zwei Krankenhaus-Betten und einem Ledersofa. Die getönten Scheiben gingen bis zum Boden, es gab einen Balkon und sogar einen Fernseher.

Die nächsten Stunden waren von einem irrsinnigen Mix aus dämmerndem Zustand, im Kreis drehender Gedanken und ab und zu aus dem Fernseher sich ständig wiederholender Ausschnitte von Bildern aus Amateurkameras und aufgeregten CNN-Nachrichten-Berichten gekennzeichnet. Die Thai-Berichte waren erst eher beschwichtigend (»Tidal waves hit Thailand in the West«), bis sie durch die immer weiter nach oben korrigierten Todeszahlen endlich aufhörten, es weiter »Gezeitenwellen« zu nennen. Da wir das aufgeregte und akustisch schlecht verständliche Reporterenglisch so schlecht verstehen konnten, mussten wir immer wieder den Fernseher anschalten, um aus den Bruchstücken zu erfassen, was passiert war. Gleichzeitig konnten wir die Wellenbilder kaum ertragen und auch eigentlich gar nicht realisieren, was wir sahen, wie Betrachter von außen. Auslöser ein Erdbeben, soweit hatten wir verstanden. Was genau war geschehen und wo überall? Würde es sich wiederholen? Nach der Angabe von fünftausend Toten haben wir nicht mehr eingeschaltet, uns war so schlecht! LEBT TOM? Wo ist Tom? Er war ja noch hinter uns gewesen am Strand. Immer wieder das Bild: Rennen, mein letzter Blick zurück über die Schulter in sein erschrecktes Gesicht. Ist Tom noch am Leben? Wenn ja, verletzt und hatte er Hilfe gefunden? Und wie sollten wir ihn von hier aus suchen? War er vielleicht sogar unverletzt und konnte die hilfsbereite Frau aus dem Nachbarhotel in unserem Ort ihm sogar sagen, dass wir ins Krankenhaus gebracht worden waren? Kann ich von hier eine e-mail absenden, die er im besten Fall in den Internet-Cafés vorfindet, wenn ihm in den Sinn kommt, sein Account zu checken, was wir bis jetzt zumindest täglich getan haben? Was, wenn er nicht lebt? Wie kann ich meine Schwester in Nordthailand verständigen? Sind wir hier überhaupt vor Nachbeben oder weiteren Wellen sicher? Ist der Flughafen zerstört? Die Brücke als einzige Festlandsverbindung im Norden? Kann überhaupt jemand die Insel verlassen oder Hilfe von außen kommen? Wann muss man mit Nachbeben und weiteren Wellen rechnen?

Die Kinder sagten mir abwechselnd, dass sie das sichere Gefühl hätten, dass Tom noch lebt. Ich selbst wusste dazu nichts zu sagen und schaute nur vor mich hin. Irgendwann nachmittags wurde Jan-Hendrik abgeholt und eine Wunde am Knöchel genäht. Er berichtete später, dass er dazu in einen völlig überfüllten OP-Raum gebracht wurde, in dem mit Vorhängen abgeteilt lauter Verletzte ambulant behandelt wurden und er deren tiefe Verletzungen und Wunden sah. Uns anschließend wiederzufinden innerhalb des Gebäudes, gelang ihm nur mit einiger Hilfe.

Bei Vincent war klar, dass er operiert werden musste aber nichts frei war und bei mir, dass der Notverband den Fuß soweit zusammenhielt, dass es erstmal so bleiben konnte. Eine kleinere Wunde in meinem Gesicht wurde noch sorgfältig gereinigt. Die Schmerzen hielten sich in Grenzen, wohl auch durch den Schockzustand. Wir bekamen Wasser, und es wurde systematisch alle paar Stunden Temperatur und Blutdruck kontrolliert. Nach Tetanus waren wir auch befragt worden. Ich war sehr froh über die ganzen Impfungen und sorgfältigen Auffrischungen Wochen vor der Reise.

Unten in der Krankenhauslobby und in den OP's musste die Hölle los sein, wir waren so fassungslos dankbar für dieses Zimmer! Ein unverdientes Geschenk genau wie die Tatsache, überhaupt am Leben zu sein. Jan-Hendrik lag auf dem Sofa, Vincent und ich in je einem Krankenhausbett. Bewegen konnten Vincent und ich uns kaum, schon allein, weil der dreckige Sand, den wir mit dem schwarzen Wasser pfundweise ins Haar gepresst bekommen hatten, mittlerweile getrocknet war und ständig ins Bett rieselte, in die abgeschürften Hautpartien hinein, was sehr scheuerte. Abgesehen von der Krankenhausbekleidung, die mir schon allein aufgrund ihrer Ausstrahlung von Schutz und Sicherheit Tränen abverlangt hatte, müssen wir ausgesehen haben wie Flüchtlinge, mit wirren stumpfen Haaren voller Dreck, wie durchgeprügelt, geschürft, Tage und Wochen später noch am ganzen Körper überall grün und blau. Die Kinder sagen, ich habe ausgesehen wie gegen eine Mauer geschmettert. Aber glücklich und dankbar, mit dem Leben davongekommen zu sein.

Nach Einbruch der Dunkelheit bekam ich dann endlich Gelegenheit, auf einem Zettel einige englische Sätze zu formulieren, die eine Krankenschwester als e-mail für mich eintippen und versenden wollte. Das wurde auch immer dringlicher, nachdem die zuerst wohltuende Ruhe und der Abstand vom Chaos begonnen hatten, zumindest bei mir, in ein bohrendes Abseitsgefühl, Hilflosigkeit und Verzweiflung umzuschlagen. Keine Möglichkeit, Tom und/oder meiner Schwester eine Nachricht zukommen zu lassen, wo wir sind und dass wir leben. Keine Antworten auf so viele Fragen! Zum Beispiel: Wie hieß überhaupt das

Krankenhaus, in dem wir uns befanden? Irgendwie habe ich immerzu gedacht, dass wir selber Kontakt nach außen aufnehmen müssen. Dass unsere Namen dank der Erfassungsbögen vom Vormittag längst auf international verfügbaren Listen mit ›Injured Persons‹ weltweit sichtbar im Internet veröffentlicht waren, kam mir gar nicht in den Sinn. Das Ausmaß der ganzen Katastrophe war auch noch gar nicht bekannt. Das Formulieren der e-mails – einer an Tom und einer an meine Schwester – im Detail fiel mir dann mit einem Mal doch schwerer als gedacht, auch, weil es mich zwang, mich mit dem Gedanken erneut auseinanderzusetzen, dass er sie vielleicht nie lesen könnte. Endlich hatte ich die kurzen Texte zusammen und gab sie der Krankenschwester mit in der Hoffnung, dass sie wie versprochen Zeit zum Versenden in dem Internetcafé des Krankenhauses finden würde. Es war mittlerweile nach 21.00 Uhr.

Um es vorweg zu nehmen, keine der e-mails hätte ihren Empfänger jemals erreichen können. Die thailändische Adresse meiner Schwester, die ich sonst üblicherweise über ein Adressprogramm nur einzufügen brauchte, war kompliziert und ich hatte mich nicht vollständig erinnert. Und bei der an Tom hatte ich Vor- und Nachnamen versehentlich vertauscht. Mit einem Mal waren im Flur mehrere Stimmen zu hören und Jan-Hendrik sagte: »Ich höre Tom!!« Wir waren total fassungslos, als er es wirklich war, der zur Tür herein kam, in seiner Hand den Zettel mit meinen e-mail-Entwürfen, völlig unverletzt und sehr lebendig.

V.

Nach den ersten umklammernden Umarmungen des Wiedersehens dauerte es dann einige Zeit, bis alle widersprüchlichen Gefühle aus Hoffnung und Verzweiflung in mir zur Ruhe kamen, bis ich das für den Fall aufgebaute Schutzschild, dass mein Mann möglicherweise nicht wiederkommt, niederlegen und gefühlsmäßig begreifen konnte, dass wir jetzt wirklich alle vier zusammen waren und das Bangen ein Ende gefunden hatte. Dass alle schrecklichen Erlebnisse des Tages zumindest für uns glimpflich ausgegangen und wir nun in Sicherheit waren, was für ein Wunder. Tom konnte unsere Erleichterung nicht so leicht nachvollziehen, da er bereits schon seit Stunden wusste, dass wir in ein Krankenhaus gebracht worden waren und leben. Ihn hatte unsere Nachricht über die erwähnte hilfsbereite Familie tatsächlich erreicht, während er sich im Ort auf der Suche nach uns befunden hatte.

Tom hatte die Flutstöße folgendermaßen erlebt seit dem Moment, an dem wir uns aus den Augen verloren hatten: »Ich war weit nach vorn nahe zu der Wasserkante gelaufen, als das Wasser zurückgewichen war. Dann wollte ich mich vom wiederkehrenden Wasser zurück an den Strand tragen lassen. Es hat mich erfasst und nahm dann an Geschwindigkeit rasend zu. An dem Punkt, wo der

Strand war oder er hätte sein müssen, merkte ich, dass alles anders war und ich keinen Grund unter mir bekam. Und dachte: bloß nicht den Kopf unter Wasser, nur nicht den Kopf unter Wasser! Euch habe ich nicht mehr gesehen. Bis über und hinter die Strandbar, die ja selbst ein Stück höher lag als der Strand, auf Höhe des dazugehörigen Parkplatzes wurde ich mitgerissen, obenauf schwimmend und konnte mich dann an ein Wäschegestell klammern, das unter ein Auto verkeilt war. Das Wasser strömte immer weiter an mir vorbei, vielleicht drei bis vier Minuten, bis der Druck dann nachließ. Es floss dann auch mit Macht wieder zurück, jedoch nicht ganz so schnell. Mich hat das Auto vor mir vor dem zurückfließenden Sog etwas geschützt, weil es den Rückfluss geteilt hat. Die erste Welle war auch noch nicht ganz so schlimm, bei dieser blieben die Autos noch stehen, aber man hätte sich nicht auf den Beinen halten können. Als die Strömung nachgelassen hatte, konnte ich mich umsehen, Gegenstände, Strandliegen zum Beispiel, wurden hin und wieder zurück mitgeschwemmt. Der Untergrund war schwarz und undurchsichtig, es stand noch Wasser überall. Unter mir bin ich auf ein Moped getreten. Nach Euch rufend bin ich umhergewatet, vorsichtig in Richtung Hotel, barfuß hatte ich ständig Angst, meine Füße aufzuschneiden. Thais riefen von weiter hinten, dass ich vom Strand wegkommen sollte.

Es gab einen Abstand von vielleicht zehn Minuten oder einer Viertelstunde. Vor der zweiten Welle hatte ich unsere kleine Veranda erreicht, meine Badelatschen gefunden und dann während das Wasser schon wieder kam, auf dem Sockel unserer Veranda versucht, die losen Gegenstände, Handtücher etc. dort festzuhalten, während das Wasser in den Gartenbereich eindrang und die Häuser umströmte. Es reichte mir etwa bis in Wadenhöhe. Nach dieser Welle ging ich umher, auf der Suche nach Euch rufend, in Richtung Berge, dann wieder in Richtung Strand, denn in meiner Erinnerung wart Ihr zuletzt am Strand gewesen! Bis Thais riefen, dass noch eine Welle kommt. Ich konnte mich hinter einen Pfeiler auf den Sockel eines Pavillons retten, vielleicht stand ich einen halben Meter hoch über Straßenniveau. Die dritte Welle war dann aber so heftig hoch, dass sie mir etwa dreißig bis vierzig Sekunden über den Kopf ging. Sie war so stark, dass jetzt auch Autos, Baumstämme und alles andere umherfuhren. Hinter dem Pfeiler zu stehen war mein Glück, weil ein Baumstamm den Pfeiler heftig getroffen hat.

Es kam dann noch eine vierte Welle, zu dem Zeitpunkt war ich aber weiter nach hinten gelangt und den Hügel hinaufgestiegen, der direkt neben unserem Hotel lag. Danach habe ich wieder angefangen Euch zu suchen. Als klar wurde, dass Ihr nicht am Hügel seid, die dort versammelten Thais schüttelten alle den Kopf, habe ich in der anderen Richtung weitergesucht, bis ich zur Straße und zum Nachbarhotel kam. Habe weitergerufen, bis die Dame aus der Schweiz auf mich zukam und mir sagte, dass Ihr – eine blonde Frau mit zwei Kindern – zum Krankenhaus gebracht worden seid.

Als nächstes habe ich versucht, mich um die Sachen zu kümmern, nachdem keine Wellen mehr nachkamen. Die Thais ließen jedoch zunächst niemand ins Zimmer aus Angst vor weiteren Flutstößen. Aber auch, weil schon recht bald Unbekannte die Hotel-Gelände durchstreiften auf der Suche nach Brauchbarem. Zurück beim Hotel konnte ich sehen, dass unsere schwere Holztür zum Zimmer unterhalb der Türklinke aufgebrochen war, der schwere Holzsessel davor musste sie zerschmettert haben. Einen Zimmerschlüssel hätte ich auch nicht mehr gehabt, der war mit im Rucksack bei den Strandsachen gewesen und weg. Durch das eingeschlagene Loch konnte ich ins Zimmer gelangen, dort lag alles durcheinander, die Betten, Matratzen, der Schrank an ganz anderer Stelle. Die Wand zeigte eine Wasserlinie etwa 1,60 Meter hoch und als ich sie berührte, bekam ich einen Stromschlag. Und in der Mitte des Zimmers lag eine große weiße Tiefseekrabbe von irgendeiner Stelle des Meeresbodens. Da die Möbel aus Holz waren, mussten wohl einige unserer Sachen oben auf geschwommen sein und waren teilweise sogar trocken. Einige Sachen waren weg, andere unbrauchbar, die Kamera schwamm im salzigen Wasser umher, aber ich konnte den Speicherchip mit den bisherigen Fotos der Reise noch retten. Unsere Wertsachen in der Seitentasche der Reisetasche müssen mitsamt dem Schrank oben geschwommen haben und waren noch intakt, was für ein Glück. Diese habe ich erstmal rausgenommen und den Thais vom Hotel in Verwahrung gegeben. Die Thais bestanden darauf, das Zimmer wieder zu verlassen.

Als nach einer Stunde keine Flut mehr kam, begannen sie hinter dem Hotel, siebzig bis achtzig Meter weg vom Meer an den Bungalows der Angestellten bereits, sich zu organisieren, den Leuten aus den Vorräten Getränke auszureichen und mit Gaskochern Reisgerichte zuzubereiten. Auch aufzuräumen, Trinkwasserleitungen aus den Bergen des Hinterlandes zu reparieren, eine Dusche aufzustellen. Die Thais waren sehr gastfreundlich und haben versucht, uns so gut es ging zu bewirten. Allerdings konnte kaum jemand viel essen oder die Mahlzeit irgendwie genießen. Dann konnte ich die restlichen Sachen aus dem Zimmer bergen und verwahren lassen und einige Kleidungstücke trocknen, um etwas zum Anziehen zu haben auf dem Weg zu Euch. Nachdem ich von der Schweizerin des Nachbarhotels erfahren hatte, dass Ihr im Krankenhaus seid und es Euch soweit gut ging, verspürte ich auch keine innere Unruhe oder Eile mehr. Gar nicht in den Sinn kam mir, dass Ihr Euch um mich vielleicht aber Sorgen und Gedanken machen könntet! Die ganze Tragweite war mir in dem Moment nicht bewusst, so dass ich mich erstmal in Ruhe organisiert habe.

In der Dämmerung habe ich dann versucht, ein Taxi nach Phuket zu bekommen, das war sehr schwer. Ich musste lange warten, und der Preis war entsprechend hoch. Geld hatte ich zum Glück aus unseren Habseligkeiten wieder. Angelangt im ersten Krankenhaus haben sie in den Unterlagen geschaut, dort wart ihr aber nicht, weitere Tipps liefen alle auf das Phuket International Hospital hin-

aus. Die Krankenhausverwaltung hier unten im Krankenhaus wusste, dass ihr hier seid und so bin ich hier.«

Spätabends holten sie dann Vincent ab zur Operation.
Er hatte etwas Angst und wir mit ihm, weil er nicht wusste,
was kommen würde und sich auch nicht so gut auf Englisch verständigen konnte. Dann kam auch ein Arzt-
Schwestern-Team, um meinen Fuß zu versorgen. Der Fuß
war sehr dick geworden, durch das angeschlagene Sprung-
gelenk. Eine Wunde oberhalb des Knöchels konnte noch
genäht werden, für alle anderen war es nicht mehr möglich, es waren nur eine Menge dreckiger Verkrustungen zu
sehen, von denen ich nicht wusste, wie tief die einzelnen
Stellen zerschnitten waren. Es war auch nicht wichtig. Ich
war nur glücklich, am Leben zu sein.

Irgendwann mitten in der Nacht brachte man uns
Vincent wieder. Was sie operiert hatten, konnten wir erst
am nächsten Abend beim Verbandswechsel sehen: Die
Ärzte hatten seine Kopfwunde und die Wunde in der Leiste genäht und die Schienbein-Wunde mit siebzehn Tacker-
klammern geklammert. Eine tiefe Wunde am Po war
ebenfalls geklammert. Von dieser wussten wir aber nichts,
und sie wurde nach der ersten OP erst Tage später in
Deutschland wiederentdeckt und behandelt. Es hatte sich
inzwischen reichlich Eiter gebildet. Dieser Umstand hätte
sich dramatisch entwickeln können und keiner von uns
hätte die Ursache dazu benennen können, hätte er beispielsweise hohes Fieber bekommen!

Dann dämmerten wir einige Zeit der Nacht dahin, Tom auf dem nackten Boden, Jan-Hendrik auf dem Sofa, Vincent und ich in den beiden Krankenhausbetten. Zwischendurch wurde Fieber gemessen und der Tropf kontrolliert. Die medizinische Überwachung und medikamentöse Behandlung wirkte professionell, was wir heute noch bewundernswert finden angesichts der großen Zahl an Verletzten.

27. Dezember. Am nächsten Morgen verständigten wir uns kurz. Tom und Jan-Hendrik brachen dann mit einem Taxi auf, um zum Ort des Geschehens zurückzufahren und unsere Sachen zu holen. Das Hinterland der Küste war intakt geblieben, nur die Straßen waren teilweise sandig, aber genügend weit weg vom Meer, so dass hier nichts zerstört war.

In Kata Noi waren die Thais bereits in geschäftiger Betriebsamkeit dabei, soweit möglich Ordnung herzustellen, die herumliegenden Trümmer wegzuräumen, Schlamm zusammenzufegen und Sand aus den Restaurants an der Straße wegzuspülen, Autos aufzurichten und wegzuschleppen und Buden wieder aufzustellen. Erstaunlicherweise gab es genug Frischwasser auch zum Saubermachen. In den Hotels wurde aufgeräumt, auch in unserem, berichtete Tom.

Der kleine Ort hatte insgesamt Glück gehabt, hier kam kein Mensch durch die Wellen ums Leben. Diese Nachricht verbreitete sich vorsichtig optimistisch, nachdem niemand mehr vermisst wurde. Nachträglich kann man feststellen, dass wahrscheinlich die Meeresbodenbeschaffenheit und das leicht ansteigende Gelände zu den Hügeln hin etwas Druck aus den Wellen genommen haben mussten, gegenüber anderen Gegenden, in denen abschüssiges Gelände hinter dem Strand dem Wasser noch zusätzliche Kraft verliehen hat.

Tom und Jan-Hendrik meldeten sich an der Rezeption und bekamen das in einem Raum verwahrte Gepäck ausgehändigt. Sie sprachen einen Urlauber an, der einige Fotos von der Situation an diesem Strand machte und baten ihn, auch von dem Hotel- Gelände und unserem Zimmer Fotos aufzunehmen. Er war so freundlich und schickte uns später eine Foto-CD zu, was Vincent und mich in die dankbare Lage versetzt, überhaupt einen Eindruck vom Geschehen zu bekommen. Allerdings erst etwa zwei Jahre später fand ich den Mut, die von Chaos und Trümmern geprägten Fotos mir im Detail anzusehen, dass ich den nach hinten eng zulaufenden Graben erkennen oder durch die Wellen veränderte Details z.B. an den Grabenrändern wirklich wahrnehmen konnte oder wollte. Und je mehr ich hinschaue, desto unvorstellbarer ist, dass wir es überlebt haben, nur um Haaresbreite. Denn wären wir beim Laufen nicht vor, sondern direkt hinter den Strandmöbeln gewesen, hätten diese als erstes den kleinen Brückendurchlass im Graben blockiert, und wir wären vom Druck des Wassers dermaßen dagegen gepresst worden, bis wir ertrunken wären.

Am Strand bot sich ein ziemlich unwirkliches Bild: ruhig und glatt waren da das blaue Meer, die Sonne und der helle Sand, aber der Strand war viel schmaler als zuvor. Der Sand war feucht und fest und ohne Fußabdrücke, dadurch wirkte er wie planiert, und war komplett entleert von Strandmöbeln. Einige Leute hielten sich dort auf und saßen auf Decken. Das Bild wirkte friedlich, nur gänzlich verändert. Während am Tag zuvor noch lauter Gegenstände und Möbel im Wasser etwa hundert Meter vom Strand entfernt wie ein Teppich umhergeschwommen waren, war davon jetzt nichts mehr zu sehen.

Abgesehen von den Verwüstungen und Trümmern hatte das Gelände hinter dem Strand sich auch verändert und gab andere Blicke frei als vorher, Bepflanzungen zum Meer hin waren weg, eine große Mauer ebenfalls. Die Möbel des Frühstückscafés waren nicht mehr vorhanden. Das Gefährliche an den Folgewellen waren gerade auch die mit dem Sog aufs offene Meer gezogenen Möbel gewesen, die bei der nächsten Welle mit großer Zerstörungskraft wieder herangeschmettert gekommen waren. Und überall war der dunkle Sand abgesetzt, den die Wellen vom Meeresboden aufgewühlt und mitgeführt hatten.

Auf dem Rückweg vom Strand sahen sich beide noch den Graben genauer an und die Überfahrten, unter denen wir durchgeschmettert worden waren. Es war alles verwüstet und Teile waren unterspült und weggeknickt. Das Gebäude des Biergartens nebenan, das uns noch als erste Zuflucht gedient hatte, war zerstört und hing schief, und die Trennmauer zwischen beiden Geländen völlig weg.

Tom berichtete später noch von einem englischen Hotelgast, einem Fotografen und seiner Frau, der vom flachen Dach unseres Hotel-Restaurants aus während der ersten beiden Wellen noch professionelle Bilder schießen konnte. Die dritte Welle jedoch hatte dieses Gebäude wie auch sein höher gelegenes Zimmer voll getroffen und die gesamte Fotoausrüstung zerstört. Als sie sich jetzt begegneten und Tom nach seinen Aufnahmen fragte, berichtete dieser stocksauer, dass da mehrere zehntausend Dollar draufgegangen seien.

Etwas anderes war noch zum Thema geworden: Schlangen! Sie tauchten plötzlich an allen möglichen Stellen im Hotelgelände auf. Die Thais hatten aus den Hotelzimmern bereits drei Schlangen herausgeholt, auch giftige. Das heißt letztlich, es hatte sie auch vorher – nicht wahrnehmbar von den Urlaubern – gegeben, und sie waren durch die Wellen nur in ihrer Rückgezogenheit gestört und aufgeschreckt worden?

9 – *Bild von unserem Zimmer* (Foto: D. Simon)

10 – *Reste des Biergartens, nach der 1. Welle unsere Zuflucht, in der 3. Welle selbst zerstört, dahinter der Graben* (Foto: D. Simon)

11 – *Strand am Tag danach (Foto: D. Simon)*

12 – *Tom packt unsere Sachen; neben ihm der Graben, unterspült*
    (Foto: D. Simon)

13 – *Unter der Brücke hinten links im Bild wurden wir durchgepresst. Vorne links müssen wir mit dem Wasser nach rechts um die Ecke geschossen sein (Foto: D. Simon)*

14 – *Das Rettungsflugzeug der Deutschen Rettungsflugwacht (Foto: DRF)*

VI.

Vincent, dem es nach der OP soweit ersichtlich einigermaßen ging, und ich versuchten im Krankenzimmer, uns soweit möglich selbst zu helfen. Er lag mit seinem Tropf und den Verbänden im Bett fest. Ich war immerhin eingegrenzt bewegungsfähig, auch wenn der Fuß und die ganzen Prellungen und Schürfungen bei dem immer noch aus unseren Haaren rieselndem Sand im Bett schmerzten. Aus dem Bett mit Hangeln und Hüpfen ins Bad zur Toilette zu gelangen, dauerte eine Weile und an Auftreten mit rechts war halt nicht zu denken. Ebenso umständlich war es, Vincent Hilfestellung bieten zu können. Aber es ging; z.B. funktionierten wir für ihn leere Trinkwasserflaschen kurzerhand um zu ›Pipi-Flaschen‹ und lösten damit ein dringlich gewordenes Problem.

Im Laufe des Vormittags holte mich ein Pfleger ab und schob mich mit einem Rollstuhl durchs Haus zum Röntgen des Sprunggelenks. Es stellte sich zum Glück heraus, dass nichts gebrochen war. Auf dem Weg konnte ich sehen, dass die Zustände im Krankenhaus einigermaßen geordnet waren. Später erzählte mir Tom, dass das der guten Zusammenarbeit mit der nahe gelegenen Kirche zu verdanken war. Diese hatte viele Verletzte bei sich aufgenommen, ein Lager im Gemeindesaal eingerichtet und fuhr die Leute zu ambulanten Behandlungen per Shuttledienst zum Krankenhaus und zurück.

Mittags verspürten wir das erste Mal so etwas wie Hunger, bejahten deshalb das freundliche Essensangebot und wählten ein leichtes thailändisches Reis-Huhngericht aus. Nicht nur, dass wir nur einen Bruchteil davon wirklich essen konnten, es hatte noch eine späte Nachwirkung.

Erste Reporter erschienen im Zimmer und fragten nach unserem Verlauf des Geschehens. Auch in Thailand lebende Deutsche kamen durch die Zimmer und notierten Personenangaben und boten Übersetzungs- und andere Hilfe an. Ein französischer Journalist berichtete von einem zehnjährigen deutschen Mädchen, dessen Eltern nicht überlebt hatten und das allein in einem der Nachbarzimmer lag. Tom und Jan-Hendrik, die nach ihrer Rückkehr sofort Kontakt mit ihr aufnehmen wollten, fanden sie aber schon nicht mehr vor, denn sie gehörte mit zu den Ersten, die von der Bundesregierung evakuiert und zu ihren Verwandten heimgeflogen wurde.

Vincent konnte unsere häufigen Schilderungen nicht gut ertragen und hielt sich die Ohren zu, wenn er das Wort ›Betongraben‹ hörte. Während uns anderen das Reden darüber eher gut tat und sicher auch zur Verarbeitung beitrug, mochte er dazu gar nichts hören oder erzählen. Erst später erfuhren wir den Grund dafür: Vincent war an etwas hängengeblieben und wurde unter Wasser daran festgehalten. Aber irgendetwas hatte ihn glücklicherweise noch frei geschlagen. Er war wirklich nur um Haaresbreite mit dem Leben davongekommen.

Am späten Nachmittag kehrten Tom und Jan-Hendrik zurück. Sie hatten nicht nur einen Großteil unserer Sachen geholt und zum Waschen in eine Wäscherei gegeben, sondern sich auch ein Zimmer in einer Pension, 150 Meter vom Krankenhaus entfernt, gemietet und etwas gegessen. Nahe dem Krankenhaus war auch ein Shoppingcenter, so dass sogar Vincents Wunsch nach einem echten Hamburger erfüllt werden konnte.

Tom berichtete, dass die Botschaften verschiedener Länder provisorische Zentralen in der Stadt einrichteten und versuchten, einen Überblick über Verletzte und Vermisste unter ihren Landsleuten zu bekommen. Ein Zettel im Krankenzimmer erreichte uns, es handelte sich um ein Hilfsangebot der Fluggesellschaft Condor. Sie bot Rückflüge nach Deutschland an für alle deutschen Staatsbürger, auch ohne Reisedokumente.

Zu diesem Zeitpunkt überlegten wir noch in Verkennung unserer Lage, ob wir es in ein paar Tagen bis Bangkok schaffen und unseren regulären Heimflug mit Thai Airways antreten könnten, ich vielleicht mit Krücken und Vincent teilweise getragen – falls der Flughafen Phuket intakt war. Hierüber hörte man sehr Widersprüchliches, denn seine Landebahn lag nur ein paar Meter vom Meer entfernt knapp über Wasserhöhe, wie wir beim Hinflug gesehen hatten.

Tom versuchte über sein Handy Kontakt nach Deutschland zu bekommen, was ihm aber nicht gelang, da die Mobilfunknetze überlastet waren. Christine in Chiang

Mai konnte er verständigen und sie setzte unsere Eltern in Kenntnis, die am Morgen im Laufe des zweiten Weihnachtsfeiertages erst allmählich Nachrichten über den Tsunami mitbekommen hatten, uns als Familie aber weit entfernt im Landesinnern Thailands wähnten wie übrigens auch die meisten unserer Freunde.

Während ich in den letzten Jahren von Glauben nichts hatte wissen wollen – nicht notwendig! –, sind meine Schwester und ihre Familie wie auch meine Mutter sehr gläubig und leben persönlich danach. Sie begannen deshalb sofort intensiv für uns zu beten.

Den getrockneten Reise-Papieren konnte Tom auch die Notfallnummer unserer Auslandsreisekrankenversicherung entnehmen, mit der er sich per SMS in Verbindung setzte. Christine fragte auch, ob sie uns mit dem Auto (aus Chiang Mai, 1.200 km Entfernung!) mit dem Auto holen und nach Bangkok transportieren sollten, wo die medizinische Versorgung besser sei. Angesichts des Angebots der Condor und der Koordinierungsmaßnahmen der Deutschen Botschaft vor Ort schien uns das keine so gute Idee und wir lehnten ab. Vor allem die Aussicht auf eine ca. 800 km lange Autofahrt nach Bangkok bei Hitze und ohne medikamentöse Behandlung für Vincent schien uns nicht angeraten.

Mit dem Einsetzen der Magen-Darm-Virusinfektion (das Reis-Huhngericht!) am Abend verschlechterte sich unser Zustand. Mit den Auswirkungen waren wir noch die ganze Nacht beschäftigt. Am frühen Morgen, arg geschwächt, hingen wir schließlich beide am Tropf. Spätestens jetzt wurde klar, dass kein regulärer Rückflug mehr für uns in Frage kam.

28. Dezember. Am nächsten Morgen, auch Tom und Jan-Hendrik hatten in ihrer Pension die ganze Nacht mit Durchfällen zu kämpfen gehabt, versuchte Tom herauszubekommen, was wir in unserer Situation tun könnten. Auf Phuket gab es keine Botschaft, aber ein Generalkonsulat, zu dem er sich allein auf den Weg machte.

Der Generalkonsul saß in seinem Büro mit zwei Mobiltelefonen am Ohr und gab ihm die Auskunft, dass die Bundesregierung Entscheidungen getroffen habe und die Hilfe bereits angelaufen sei und man das Weitere abwarten müsse. Ob wir Geld bräuchten oder Papiere, was er zum Glück verneinen konnte. Es war ja offensichtlich, dass es uns noch gut ergangen war. Auf sein Geheiß hin fuhr Tom zum Rathaus mit dem Verwaltungsgelände von Phuket und versuchte Kontakt aufzunehmen, dort waren Vertreter der deutschen Botschaft. In dem Raum von ungefähr sechzig Quadratmetern Größe saßen vierzig Botschaftsangestellte aller möglichen Länder, provisorisch eingerichtet entlang der beiden langen gediegenen Tischreihen mit PCs und Telefonen. Es waren etwa zweihundert Menschen aus vorwiegend europäischen Ländern dort, die mit den Botschaftsangehörigen ihres Landes sprechen wollten. Diese versuchten Namen der Betroffenen in den Computer einzugeben, zu telefonieren und Fragen zu beantworten, alles zur gleichen Zeit. Ein riesiges Gewühl und chaotische Geschäftigkeit.

Was Tom sehr erschütterte anzusehen und ihm noch heute sehr unter die Haut geht, waren auf dem großen Gelände zwischen den edlen Gebäuden im viktorianischen Stil, die eingerichteten Notunterkünfte. Es gab Unzählige, die Hilfe brauchten, Hunderte!! Da waren Menschen, die gar nichts mehr auf dem Körper hatten außer einem Bademantel. Menschen, die jemanden verloren hatten. Menschen, die verzweifelt bei der Suche waren. Menschen, die Hilfe brauchten und Menschen, die nur verstört dasaßen und auf Weiteres warteten.

Sie wurden auf dem Gelände verpflegt und mit allem versorgt. Es gab Essen Trinken, Kleidung, Möglichkeiten, frei zu telefonieren. Jeder Raum der Gebäude wurde genutzt, zum Beispiel, um Verletzte zu betten.

Dort gelang es Tom auch schließlich, mit unserer Auslandsversicherung zu telefonieren und eine SMS-Verständigung zu vereinbaren. Er fand auch heraus, dass von der Bundesregierung Evakuierungsflüge organisiert wurden. Wir wurden danach sogar zwei bis dreimal im Krankenzimmer angerufen und im Hinblick auf die nächsten Flüge gefragt, da unser Name weit oben auf irgendwelchen Listen zu stehen schien. Es war aber nicht klar, inwieweit Vincent transportfähig war.

Zwischendurch stellten wir im Krankenzimmer immer mal wieder den Fernseher an, um Neues über das Ausmaß der Katastrophe zu erfahren. Für die Kinder war Fernsehen auch eine willkommene Ablenkung, denn über weite Strecken des Tages passierte gar nichts. Allerdings nicht die schrecklichen Bilder mit dem wiederholten Hereinbrechen der Welle, sondern zwischendurch Naturdokumentationen wie ›National Geography‹ oder schlicht Cartoons wie ›Tom & Jerry‹ auf einem der Kanäle. Es war eine unbeschreiblich absurde Situation, Weinen und Lachen, Schmerz und Apathie lagen so nah beieinander! Dazwischen immer wieder die eigenen Bilder im Kopf, die uns entweder gefühlsmäßig überwältigten oder nachgrübeln ließen, um die Fragmente der Wahrnehmung zusammenzusetzen und die anderen über dieses oder jenes Detail noch zu befragen.

Während es für Thomas, der die ganze Zeit den Kopf über Wasser hatte, ein und derselbe »Film« gewesen war, ging es mir – und geht es bis heute – so, dass mit dem gewaltsamen Wegreißen der Welle und Kopf unter Wasser mein Leben zu Ende war. So waren auch meine Gedankenfetzen unter Wasser: »So sieht das Ende aus, Du wirst jetzt solange irgendwo anschmettern, bis Du tot bist.« Das Auftauchen gehört dagegen für mich zu einem komplett anderen »Film« bzw. neuem Leben oder Lebensabschnitt. Ein Wunder. WAS FÜR EIN WUNDER! Ich war voller Dankbarkeit, auch für die Gebete meiner Familie. In der Tat werden wir bis heute nicht von Albträumen heimgesucht oder den schrecklichen Bildern emotional überwältigt. Wir sind sehr dankbar dafür.

Einige ungelöste Rätsel im Detail gibt es bis heute. Zum Beispiel: wie hatte einerseits unsere Appartement-Tür vom davorstehenden Sessel zur Hälfte zertrümmert sein können und die Wasserlinie im Zimmer hatte 1,60 Meter Höhe betragen, aber lose stehende Schuhe auf der Veranda waren später noch zu finden, wenn auch nicht mehr alle. Oder mein Schlafshirt, das mit Sicherheit im Bett lose obenauf gelegen hatte, gehörte sogar mit zu den von Tom trocken geborgenen Gegenständen, obwohl Bett und Matratzen völlig umhergeworfen worden waren. Bücher wie Reiseführer, die komplett weg waren, aber klitzekleine Hygieneartikel, das Zubehör zu Jan-Hendriks Zahnspange zum Beispiel, die sich wiederfinden ließen. Sie müssen im geschlossenen Bad, also im begrenzten Raum, einfach obenauf geschwommen sein.

Dann am Abend: Verbandswechsel. Was für ein verharmlosender Begriff! Vincents Chirurgin und eine Krankenschwester erschienen in der Tür mit einem Verbandswagen. Während ich es noch einigermaßen durchstehen konnte, die verklebten Verbände abgenommen zu bekommen und einen Blick auf die schwarzen Verkrustungen und Schwellungen meines rechten Fußes zu werfen, war es für Vincent die reinste Hölle. Da man ihn am Tag nach der OP in Ruhe gelassen hatte, mussten nun dringend die Verbände gewechselt werden. Die Ärztin zwang uns Erwachsenen auch, die Wunden näher anzusehen. Die genähte Wunde in der Leiste sah gut aus, mit ca. zehn Stichen sah sie ordentlich geschlossen aus und in

Richtung Heilungsprozess unterwegs. Die am Kopf genähte war unauffällig, wenn auch lang unter den Haaren. Ganz anders die große Schienbeinwunde: etwa sechzehn Tackernadeln hielten die klaffende Wunde zusammen. Schon das Verband-Abwickeln mit der verklebten Gaze ließ ihn entsetzlich schreien, und der Anblick drehte mir den Magen um. Das war jedoch bei Weitem nicht alles. Die Ärztin stellte jede Menge Eiter in der Wunde fest und ging daran, jede einzelne Klammer aus der vereiterten Wunde zu ziehen, ohne Betäubung. Es wäre auch nicht anders gegangen, denn sämtliche OP-Säle waren belegt! Sechzehn Klammern! Und danach das Auswischen der Wunde mit einem mit brennendem Jod getränkten Lappen! Dazu konnte die Ärztin die ganze Hand in die Wunde stecken. Während mir wegen seiner unerträglichen Schmerzen die Tränen übers Gesicht liefen, hielten wir Vincent zu zweit fest und ließen ihn auf ein Handtuch beißen und schreien, bis er völlig heiser war. Dies mitzuerleben hat uns alle bis ins Mark erschüttert. Die Ärztin war aber in ihrem Tun bestimmt und wirkte sicher. Sie hielt mehrfach einen Moment inne und sagte zu Vincent: »Boy!!! Don't cry! If you want to go home, you have to tolerate it.« Und sah mich an und befahl: »Tell him!!« Obwohl das etwas grob klang, waren wir eigentlich dankbar, weil wir wussten, dass sie recht hatte und es keine Alternative gab, und weil sie uns dadurch zeigte, Herr der Lage zu sein und keinerlei Unsicherheit ausstrahlte. Sie sagte auch, dass es einer weiteren Operation bedürfe, bevor er transportfähig sei und das Land verlassen könne.

Verschiedene Menschen kamen zur Tür herein, entweder um Hilfe anzubieten, Angehörige zu suchen, aber auch, um einfach nur zu reden. Wir erzählten selbst oder wir hörten zu. Bei uns im Zimmer konnte man sich eine Weile aufhalten, da wir in der glücklichen Situation waren, alle zusammen überlebt und uns bereits gefunden zu haben. Und wir waren so froh darüber! Ich glaube, selbst mit einem fehlenden Körperteil wäre ich noch glücklich gewesen, überhaupt überlebt zu haben.

Bezeichnend für die Thais war folgende kurze Begegnung: Ein thailändischer Mann hielt Thomas auf der Straße vor seiner Pension an und bat ihn um Verzeihung für das was geschehen war! Eigentlich unfassbar, aber die Thais sind so freundliche Menschen, die sehr unglücklich sind, wenn jemand durch sie oder ihr Land oder ein Ereignis in ihrem Land zu Schaden kommen könnte!

Die Hilfsbereitschaft der Menschen war sehr groß. Tom, und Jan-Hendrik, die im Gegensatz zu uns mit der Außenwelt in Kontakt standen, berichteten uns davon mehrfach. Zum Beispiel boten verschiedene Leute mit Autos vor dem Krankenhaus ihren kostenlosen Fahrdienst über die Insel an. Und vor dem Eingangsbereich hatte sich eine Mobilfunkgesellschaft an Tischen ausgebreitet und bot kostenlose Mobilfunkgespräche in die ganze Welt an. Im Foyer gab es reichlich Trinkwasserflaschen und einen Haufen mit Kleiderspenden (mit einem Pappschild: PLEASE HELP YOURSELF), da Viele nur noch das hatten, was sie auf dem Leib getragen hatten oder nicht einmal das. Die Kirche mit ihrer Unterbringung der Verletzten war sehr hilfreich.

Gerade zur rechten Zeit kamen zwei Frauen zu unserer Tür herein mit der Frage, ob wir etwas brauchen könnten, das sie besorgen würden. Tom und Jan-Hendrik waren gerade unterwegs. Dies half mir aus einer Klemme, da ich eine Stunde zuvor unerwartet und vorzeitig meine Menstruation bekommen hatte und natürlich nichts zur Hand hatte. Die Krankenschwester, der ich mein Anliegen auf Englisch vorgetragen hatte, war nur zutiefst errötet. Oh nein, ich hatte den unverzeihlichen Fauxpas begangen und eine Thailänderin mit meiner Frage in eine peinliche Situation gebracht. Nichts schlimmer als das! So bekam ich nur ein unsicheres Lächeln statt einer Antwort, und sie ignorierte meine Frage einfach. Auf meine freundliche, aber hartnäckige Nachfrage (was hätte ich auch tun sollen!) war sie schon halb aus dem Zimmer gehuscht und sagte dabei, ich solle es einfach ins Bett laufen lassen. Und weg war sie. Einfach ins Bett laufen lassen??? Dies wäre mir nun ungeheuer peinlich gewesen! Genau nach dieser Begebenheit erschienen nun ein paar Minuten später die beiden Frauen (ich glaube, sie kamen aus Neuseeland) und innerhalb von weiteren zehn Minuten überreichten sie mir die begehrten Hygieneartikel. Es hatte nämlich außer den Kleiderspenden auch Spenden von Hygieneartikeln, auch speziell weiblichen, gegeben, was die Besorgung zum Glück sehr vereinfachte.

29. Dezember. Am nächsten Tag bekamen wir wieder ein Heimflugangebot, das wir aber ablehnen mussten wegen der angekündigten zweiten Operation, auf die Vincent wartete. Inzwischen war die internationale Hilfe merklich angelaufen und man hörte öfter von Flügen direkt von Phuket nach Europa. Der Flughafen war in brauchbarem Zustand, und die Botschaften arbeiteten rund um die Uhr an der Koordination von Hilfe.

Als wir in einem Nachbarzimmer ein Kind mörderisch schreien hörten, wussten wir im Voraus, dass wieder ein Wechsel der Verbände angesagt war. Es war wieder eine schreckliche Tortur, Vincent war sehr tapfer, aber schrie trotzdem wie am Spieß, denn es kam immer noch reichlich Eiter aus der Wunde geflossen und die Ärztin wickelte sich wieder einen mit Jod getränkten Lappen um die Hand und wischte damit die tiefe Wunde aus. Sie wiederholte noch einmal, eine OP hier vor Ort sei nötig, um das Angreifen des Knochens zu verhindern und Vincent für den langen Heimtransport vorzubereiten. Gleich nach der Operation könnten und sollten wir dann den Flug in Angriff nehmen.

Es wurde auch klar, dass wir bei Verlassen zum Bezahlen des Krankenhauses Bargeld brauchen würden. Da Toms Kreditkarte samt dem Rucksack vom Meer weggespült worden war, kam nur noch meine in Betracht sowie die letzten Reiseschecks, die ich persönlich am Bankschalter einlösen musste. Obwohl das Krankenhaus eins seiner Rettungsfahrzeuge an das Meer verloren hatte und die beiden übrigen fortwährend für Einsätze gebraucht wurden (es wurden inzwischen Leute aus weiterer Entfernung her-transportiert), ließ sich das Krankenhaus es sich nicht nehmen, mich durch einen Pfleger und Toms Begleitung offiziell mit Krankenwagen und Rollstuhl zum Shoppingcenter und zurück zu fahren, damit ich das größtmöglich verfügbare Bargeld abheben konnte. Es war ein »Ausflug« von einer halben Stunde, dabei aber mein erster Kontakt zur Außenwelt. Erst war ich beeindruckt von der Normalität im großen Shoppingcenter, aber es lag ja auch weit im Landesinnern und war zu keiner Zeit betroffen. Zurück im Krankenhaus-Foyer war ich beeindruckt von der ganzen organisierten Hilfe, die man sehen konnte, aber geschockt und tief erschüttert von den Stellwänden mit den angepinnten Vermisstenanzeigen und Bildern von Angehörigen. Was für Ungewissheit und Leid war uns erspart geblieben!

An diesem Abend trafen erste deutsche Helfer ein, weitere waren unterwegs. Kurioser Weise war es ein Mitarbeiter des ADAC, der abends spät noch auftauchte und fragte, ob wir einen Heimflug suchen. Wir hätten auch noch die Möglichkeit, eine Auslandsreisekrankenversicherung abzuschließen. Glücklicherweise hatten wir schon seit langem eine und für die Kinder hatten wir – Gott sei Dank! – auch noch zwei Tage vor der Reise entsprechende Policen abgeschlossen. Tom hatte schon anhand der aus dem Wasser gefischten Unterlagen Kontakt zur internationalen Hotline unserer Versicherung aufgenommen, und Mitarbeiter waren unterwegs nach Phuket.

Wir hätten die Ruhe ab spätem Abend gut nutzen sollen, denn uns war klar, dass es nun turbulenter und unruhiger werden würde bei immer mehr eintreffenden Hilfs-Organisationen (Ruhe vor dem Sturm). Vincent und mir ging es glücklicherweise besser. Nur konnten weder er noch ich in dieser Nacht einschlafen, sondern redeten und redeten noch mal über alles Gewesene.

VII.

30. Dezember. Um etwa 10.00 Uhr stand das erste
Mal ein deutscher Arzt bei uns im Zimmer. Er schaute
kurz die medizinische Versorgung an, befragte uns und
sagte dann, es sei für Vincent dringend angeraten, sofort
mit dem nächsten Flug das Land zu verlassen und den
Rücktransport nach Deutschland noch heute anzutreten.
Es gäbe eine Bundeswehr-Maschine mit intensivmedizini-
scher Versorgung für den Rücktransport von Schwerverletzten nach Frankfurt a.M., die uns – wohl aber nicht alle
vier, sondern Vincent und maximal mich als Begleitung –
zurückfliegen könnte. Er war dabei, die Verletzten auf die
Passagierliste dafür zusammenzustellen. Wir gaben wieder,
was die Ärztin in Bezug auf die notwendige OP gesagt hatte und er wollte sich mit ihr noch mal in Verbindung setzen, sie war allerdings gerade im Operationssaal
beschäftigt.

Daraufhin brach bei uns hektische Betriebsamkeit aus:
Tom ging mit Jan-Hendrik, um die Sachen zu packen und
aus der Pension auszuchecken. Anschließend besorgte er
Proviant für den langen Flug, denn ich ging in meiner
praktischen Vorstellung nicht davon aus, in einem Flugzeug mit lauter Schwerverletzten noch extra mit Essen versorgt zu werden. Und er kaufte noch Latschen mit weiten
Klettverschlüssen, damit ich den verbundenen Fuß in ir-

gendeine Art von Schuh stecken konnte. Wir versuchten, so klug wie möglich zu packen, im Falle wir getrennt fliegen würden: Vincent und ich und Tom und Jan-Hendrik. Als wir auf den gepackten Taschen saßen und eine Mischung aus Aufgeregtheit und Abschiedsstimmung verspürten, kam der Arzt mit der ernüchternden Botschaft zurück, die Ärztin habe ihn doch überzeugt, und nach ihren Schilderungen sei die Gefahr einer Sepsis einfach zu groß bei der langen Transportzeit. Vincent müsse erst noch mal hier operiert werden und sie würde versuchen, für ihn nachmittags einen OP-Saal zu bekommen.

Was für eine Enttäuschung! Nach der plötzlichen Aufbruchstimmung von heute Morgen Kommando zurück. Die Kinder weinten und auch für uns dauerte es eine Weile, bis wir diese Nachricht verdauen konnten. Allerdings blieb nicht viel Zeit für Gedanken, denn andauernd ging jetzt die Tür und verschiedene deutsche Teams von Hilfs-Organisationen und ehrenamtliche Rettungsteams versuchten, sich nach ihrer Ankunft in Thailand ein erstes Bild zu machen. Auch von unserer Reisekrankenversicherung waren zwei Mitarbeiter eingetroffen, und wir erzählten alles im Kurzdurchlauf. Dann kam eine Mitarbeiterin des Auswärtigen Amtes, sie habe Nachricht erhalten, dass hier ein deutsches Kind festgehalten würde, dem die Ausreise verweigert würde. Wir konnten dieses Gerücht entschärfen, zumal wir auch mittlerweise eingesehen hatten, dass eine OP hier vor Ort das Beste sei.

Dann, etwa 15.00 Uhr, überschlugen sich die Ereignisse fast. Der deutsche Arzt von heute Morgen stand wieder im Zimmer und sagte, wir sollten sobald als möglich nach der OP das Land verlassen. Gleichzeitig kam der ADAC-Mitarbeiter von gestern Abend herein und sagte, er hätte für uns heute Abend um 21.00 Plätze in der nächsten Condor-Maschine, die das Auswärtige Amt gechartert hatte. Der Arzt sagte, dass es klappen könnte, wenn die OP sich nicht noch verzögerte. Dann wurde Vincent zur OP gerufen und mit seinem Bett herausgeschoben. Er hatte diesmal große Angst. Banges Warten. Der Krankenhaus-Chef erschien. Tom ging mit ihm und ließ die Kranken-haus-Rechnung und Entlassungs-Papiere vorbereiten.

Recht schnell, vielleicht eine Dreiviertelstunde später, war Vincent zurück, schon wieder bei Bewusstsein, glücklich und sehr erleichtert, dass es vorbei war. Sie hatten ihn scheinbar nicht tief narkotisiert, sonst wäre er nicht schon wieder so ansprechbar gewesen. Ein Tross setze sich in Bewegung, um das Krankenzimmer zu verlassen, es war mittlerweile schon dunkel geworden, die Mitarbeiterin des Auswärtigen Amtes, ein Pfleger, der Vincent in einem Rollstuhl schob, eine Mitarbeiterin von einem soeben ein-getroffenen ehrenamtlichen Helferteam eines westdeut-schen Krankenhauses, Tom und Jan-Hendrik mit den Taschen und ich auf Krücken. Wir verabschiedeten uns im Vorbeigehen bei den Schwestern und dankten sehr für die liebevolle Behandlung. Das schöne Zimmer war für die letzten Tage unsere Muschel gewesen, in der wir Schutz gefunden hatten. Sie gaben uns noch Beutel mit Medika-menten mit, reichlich und sehr hilfreich beschriftet. Die guten Thais! Wir wussten, dass sie sie nicht eben im Überfluss hatten, aber mit den eingepackten Mengen hätten wir noch drei Wochen in der Wüste überleben können.

Ein Taxi sollte schon am Eingang bereitstehen, um direkt zum Phuket International Airport zu fahren. Aber zu früh gefreut! Der Pflegeangestellte des International Hospital schob Vincents Rollstuhl anstatt zum Ausgang direkt in die Bezahlstube der Krankenhausverwaltung! Hier begann dann ein nervenaufreibendes Procedere, die Papiere mussten alle durchgesehen werden, die Kosten für die soeben erfolgte Nachoperation mussten ergänzt werden. Es stellte sich heraus, dass das Limit meiner Kreditkarte fast erschöpft und es auch mit dem Bargeld zusammen nicht zur Begleichung der gesamten Rechnung ausreichen würde. Und es wurde später und später und wir wurden nervös in der Angst, jetzt so kurz vor dem Ziel dieses Flugzeug nicht rechtzeitig erreichen zu können. Es schien eine Ewigkeit zu dauern, bis Tom, der eindeutig die besseren Nerven bewies, eine Lösung aushandelte: wir würden eine der Rechnungen bezahlen und dafür das Original ausgehändigt bekommen und die andere zum Teil bezahlen und dafür dann nur eine Kopie mitbekommen. Nach Begleichung der offenen Summe von zu Hause aus würde man uns dann das Original per Post schicken, das wir für unsere Auslandsreisekrankenversicherung brauchten. Das ganze Hin- und Her hatte ca. eine Dreiviertelstunde gekostet. Leider waren die beiden Mitarbeiter unserer Versicherung irgendwo im Haus oder in der Stadt unterwegs, sonst hätten wir es abkürzen und sie es direkt mit der Krankenhausverwaltung klären können.

Als wir endlich zum Ausgang kamen, war kein Taxi mehr weit und breit zu sehen! Es war einfach davongefahren. Das entsetzte nicht nur uns, sondern auch die beiden deutschen Helfer. In diesem Taxi hatte sich ihr gesamtes privates Gepäck befunden, denn sie waren erst vor Kurzem mit diesem Taxi hier eingetroffen. Sie blieben aber bewundernswert ruhig und meinten, dass es sich schon regeln würde. Uns schien es eine Ewigkeit zu dauern, in der wir in der neonbeleuchteten Einfahrt auf ein neues Taxi warteten. Es war schon so spät, ob wir den Flug noch erreichen würden? Ob der Pilot auf uns warten würde? Nach vielleicht einer halben Stunde hatten wir ein neues Taxi und in ca. einer weiteren halben Stunde kamen wir am Airport an. Der Arzt von heute morgen nahm uns in Empfang, bestätigte uns auf der Passagierliste und sagte, dass es sehr knapp sei und die Besatzung extra auf uns gewartet hätte, weil Vincent unbedingt heute Nacht noch ausgeflogen werden musste. Aber der Pilot wäre im Begriff, wegen der Zeitüberschreitung seine Lizenz zu riskieren.

Ich weiß nicht mehr wieso, aber Vincent (liegend), Tom und Jan-Hendrik gelangten auf anderem Weg zu dem Flugzeug als ich, die ich im Dunkeln mit einem Rollstuhl über das Flugfeld geschoben wurde. Niemals werde ich den Ehrfurcht erregenden Anblick des riesigen Jumbojet vergessen, dessen Fenster weit oben hell erleuchtet waren und ich mir dagegen so winzig im Rollstuhl davor vorkam.

Von der einzigen offenen, hell erleuchteten Tür schauten Leute heraus. Sie hatten nur auf uns gewartet! Vincent wurde auf der anderen Seite in das Flugzeug getragen und der Pilot kam eigens aus dem Cockpit, um nach ihm zu schauen. Für Vincent war einer der grauen Stretcher, ein Hängebett mit Rundum-Vorhang, vorgesehen. Tom fand einen Platz direkt daneben. Entlang beider Seiten der Maschine waren die Stretcher eingehängt, über den heruntergeklappten Sitzen, und es lagen schwerverletzte Menschen darin. Der Mittelteil war gefüllt mit Touristen, die freiwillig oder nicht ihren Rückflug antraten. Jan-Hendrik und ich durften in der ersten Reihe der Business-Class Platz nehmen. Hier saßen Leute, die alle wie wir sehr mitgenommen aussahen, bandagiert und mit Prellungen und Schürfungen, aber wohl trotzdem zu den Leichtverletzten zählten. An Bord war eine Mannschaft des Technischen Hilfswerks aus Frankfurt a.M. und auf mehreren Sitzreihen umfangreiches Rettungsgerät, eigene Satelliten-Kommunikationsausrüstung und dergleichen. Da rechts von mir zwei Mitarbeiter von ihnen Plätze hatten, konnte ich während des Fluges das ein oder andere fragen. Zum Beispiel waren sie entsprechend ausgerüstet, so dass sie jeden der zweiundzwanzig Schwerverletzten hätten wiederbeleben können, wäre dies erforderlich gewesen.

Es war aber ein ruhiger Flug und zum Glück waren keinerlei Notmaßnahmen erforderlich. Flughöhe und jeder zurückgelegte Kilometer taten gut, um Abstand zu gewinnen. Trotzdem dachte ich, als ich die Medikamente-Beutel auspackte und die aufgedruckte genaue Anleitung las, voller Dankbarkeit an die Thais zurück, die uns während der letzten Tage im Krankenhaus rundum versorgt hatten und die ihr Menschenmöglichstes getan hatten, um dieser Ausnahmesituation gerecht zu werden.

Auch jetzt wusste ich, dass Schlaf mir die dringend benötigte Kraft für die nächste Etappe geben würde, doch ich war von letzten Kräften mobilisiert und aufgekratzt, so dass ich stattdessen lieber noch einige Details von den Rettungsleuten erfahren wollte. Außerdem verschafften die Gespräche über technische Details eine willkommene Distanz zu meinen vielen unterschiedlichen Emotionen während dieses Fluges, was ich jedoch erst später so klar erkannte.

Die Mitarbeiter des THW erzählten, dass es im Flugzeug Touristen gäbe, die mit ihrer Zwangsrückkehr nicht einverstanden waren und schon angekündigt hatten, Thomas Cook wegen entgangener Urlaubsfreuden zu verklagen. Ein Ehepaar suchte noch den schnellen Vorteil des besseren Essens der Business-Class und räumte das Rettungsgerät von den Sitzen einfach beiseite. Aber es wurde auch von dem Deutschen auf Phuket berichtet, der seinen Aufenthalt bis März gebucht hatte und sich absolut weigerte, nach Hause zurücktransportiert zu werden und das, obwohl ihm beide Beine abgenommen werden mussten.

Irgendwann muss uns doch der Schlaf übermannt haben, denn wir wachten erst kurz vor der Landung in Deutschland auf. Tom berichtete, dass Vincent die meiste Zeit geschlafen hatte und er selbst auch. Das THW hatte für jeden der liegend Transportierten einen Rettungsplan gemacht und diesen bereits mittels der eigenen Übertragungstechnik kommuniziert.

So wurde die Maschine im nasskalten und nächtlichen Frankfurt am 31. Dezember 2004 etwa um 3.30 Uhr mit Blaulichtern zahlreicher Krankenwagen in Empfang genommen. Alle, die selbst gehen konnten, gingen von Bord, viel wurde nicht gesprochen. Alle Übrigen wurden danach einer nach dem anderen liegend mit speziell schmalen, auf Gangways ausgerichteten Tragen aus dem Flugzeug geholt und zu den bereitstehenden Krankenwagen gebracht. Wir versammelten uns erstmal um Vincent. Von nun an würden wir getrennt weiterreisen: Vincent wollte man in meiner Begleitung in die Uniklinik Frankfurt bringen. Tom und Jan-Hendrik sollten gleich mit einem der ersten Flüge am Morgen nach Berlin-Tegel weitergeleitet werden.

Tom berichtete später, dass alle Weiterreisenden direkt im Flughafengebäude blieben und mit Essen versorgt wurden. Sie wurden dann nach Wunschziel auf die entsprechenden Morgenflüge verteilt. Jan-Hendrik fand es den schönsten Sonnenaufgang seines Lebens, den sie am Himmel auf dem Flug von Frankfurt nach Berlin erlebten. In Berlin wurden sie von seinem Papa mit seiner Frau und unserem Freund Stefan abgeholt, sie fielen sich in die Arme fuhren alle erstmal zu uns nach Hause, wo sie das Wichtigste erzählen konnten.

Für Vincent und mich ging die Fahrt im Rettungswagen zur Uniklinik weiter. Die Kälte waren wir gar nicht mehr gewohnt, und auch wegen Übernächtigung froren wir ziemlich. In der Notaufnahme waren wir die einzigen Patienten. Der Arzt nahm sich viel Zeit für uns. Vincent war schon so traumatisiert und reagierte mit Angst als es hieß, dass zum Nachschauen die Verbände (schon) wieder abgemacht werden müssten. Ganz langsam, Schicht für Schicht wurden sie, wo nötig mit steriler Kochsalzlösung aufgeweicht, entfernt. Was für eine Überraschung, als wir die nachoperierte Schienbein-Wunde sahen! War sie in Thailand noch so lang und tief, dass die Ärztin zum Reinigen eine Handbreit hineinstecken konnte, sah sie jetzt völlig verändert aus: ganz flach, ohne jeden Eiter, groß aber oval, die Wundfläche rosa, und ca. einen Zentimeter tief. Hier lernten wir, dass es auch Jod gibt, das NICHT brennt und auch spezielle Gaze, die nicht mit Wunde und Verband verkrustet. Dadurch löste sich unsere Verkrampfung, die das Wort: Verbandswechsel ausgelöst hatte, etwas.

In unserem Zeitgefühl war es mitten in der Nacht, in Wirklichkeit aber etwa halb fünf Uhr morgens, als wir in eine Kinderstation der Klinik gebracht wurden. Vincent bekam ein Bett und ich einen Liegestuhl angeboten. Dem Ende meiner Kräfte nahe bat ich ebenfalls um ein Bett, da das lange Sitzen im Flugzeug auf den Prellungen einfach so lang und unkomfortabel gewesen war. Mein Wunsch wurde mir erfüllt. Hätte ich realistischer eingeschätzt, dass die Nacht schon fast vorbei war, hätte ich nicht einen derartigen Aufwand erzeugen mögen. Es tut mir heute noch leid, wenn ich daran denke, wie fordernd ich gewirkt haben muss. Denn als sich meine Augen an das Dunkel gewöhnt hatten, sah ich, dass im Zimmer noch ein kleines Kind in einem Gitterbett lag, während seine Mutter auf einem Liegestuhl übernachtete. Wir wechselten beide nur ein paar Worte. Mon Dieu! Ein Liegestuhl zum Übernachten war der Standard, den man als Mutter dafür in Kauf nehmen musste, um bei seinem kranken Kind im Zimmer übernachten zu dürfen.

Während Vincent wieder einschlief, ruhte ich und nahm die Atmosphäre dieses anheimelnden Kinderkrankenzimmers in mich auf. Zurück in Deutschland. Trotz der Dunkelheit konnte ich sogar die niedlichen Kinderzeichnungen sehen, die an den Schränken befestigt waren. Und da übermannten mich mit einmal die Tränen mit aller Kraft und ich spürte den Damm der Selbstbeherrschung brechen, den ich die letzten Tage so mühsam aufrecht gehalten hatte. Das kuschelige Zimmer war zuviel für mich. Vom Weinen regelrecht geschüttelt konnte ich gar nicht aufhören und verließ schnell das Zimmer, um die anderen nicht aufzuwecken, und setzte mich in den Flur. Die Schwestern reagierten verständnisvoll, ließen mich im Schwesternzimmer auf ihrer Eckbank Platz nehmen und boten mir einen Pott Kaffee an, während sie Vorbereitungen für den morgendlichen Ablauf nahmen. Das tat gut. Was hatten wir erlebt! Wieso waren wir überhaupt am Leben? Was für unsagbare Schmerzen hatte Vincent aushalten müssen wobei wir nichts hatten für ihn tun können! Und doch, so ein glimpflicher Ausgang für uns als Familie!

Wir hatten alle zusammen nach Deutschland zurückkehren dürfen. Ich war unendlich dankbar, nur mit Kraft und Nerven am Ende. Denn auch von der Nebenhöhleninfektion, die seit dem ersten Abend eingesetzt hatte, die zwar immer noch mit Nasentropfen auszuhalten war, aber immer hartnäckiger wurde und mein Befinden stärker beeinträchtigte, fühlte ich mich sehr angeschlagen. So wie das Meerwasser den Sand tief in die Haare gepresst hatte, hatte es wahrscheinlich auch alle möglichen Keime in die Schleimhäute eindringen lassen. Viele Leute hatten schwere Lungenentzündungen durch das Meerwasser bekommen, das war uns zum Glück erspart geblieben.

Bei Tageslicht besprachen wir unsere Lage. Es war ja Silvester und wir hatten den unbändigen Wunsch, nach Berlin heimzukehren und den Zustand des Reisens zu beenden. Außerdem hatte sich herausgestellt, dass das niedliche Krankenzimmer in harter Wirklichkeit zur Kinder-Krebsstation gehörte. Das entzückende eineinhalbjährige Kind in unserem Zimmer hatte gerade eine Tumor-Operation hinter sich gebracht, ein Schlauch verlief noch aus seinem Po zum Entsorgungsbeutel. Aus dem Elend ins Elend, dachte ich. Es ging mir entsetzlich nahe. Wir wollten einfach nach Hause!!!

Meinen Mann anzurufen war aber auch nicht so leicht, denn in dem Raum mit öffentlichem Telefon, ein Wandapparat, konnte man nur im Stehen telefonieren, weil er so hoch hing. Ich konnte aber nicht lange auf einem Bein stehen. Die andere Mutter in unserem Zimmer war aber sehr nett, ich konnte ihren Zimmeranschluss nutzen. Sie selbst saß in dem Liegestuhl, in dem sie schon die Nacht verbracht hatte und arbeitete mit ihrem Laptop auf den Knien neben ihrem ruhig vor sich hinspielenden Kind. Beeindruckend.

Tom, der bereits glücklich zu Hause war, bat ich am Telefon inständig, uns nach Hause zu holen und zum Beispiel über die Auslandsreise-Krankenversicherung bitte einen Heimtransport zu arrangieren. Es dauerte eine Weile, ihm klarzumachen, dass wir uns hier etwas »zwischengeparkt« fühlten und wir dringend nach Hause kehren und das Durchreisekapitel beenden wollten. Von Berlin erhoffte ich mir auch, dass sich dann der Kreis der Betreuenden für Vincent erweitern würde. Und seinen Papa wiederzusehen, der mit seiner Familie von meinen Eltern natürlich längst benachrichtigt worden war, würde ihm auch sehr gut tun.

Er kümmerte sich, und nach einer Weile bekamen wir einen Anruf der DEVK, dass es mit einem Heimflug heute Mittag klappen würde und man für uns Plätze im Flugzeug reserviert habe. Um 13.00 wäre der Flug. In welches Krankenhaus es denn genau gehen sollte in Berlin? In das uns zu Hause am nächsten liegende, das St.-Gertrauden-Krankenhaus, entschied ich. Hurra! Doch noch heute weiter, alles wird gut, dachte ich. Wir schalteten innerlich sofort wieder auf »Reiseprogramm« und »Unterwegs-Sein« zurück, was auch am besten dieser Etappe entsprach. Am frühen Mittagessen konnten wir noch teilnehmen, allerdings versagte die Aufregung Vincent etwas den Appetit. Nervös wurden wir jedoch allmählich beide, als es viertel nach Zwölf und schließlich halb Eins wurde, ohne dass uns wie verabredet jemand abholte. Wieder dieselbe Angst, wir könnten den mühsam arrangierten Flug nicht rechtzeitig erreichen. Von der nächtlichen Fahrt wussten wir, dass man schon eine Weile Fahrzeit zum Frankfurter Flughafen brauchte. Aber um kurz nach halb eins kamen dann die Leute vom Krankentransport und fuhren uns zum Flughafen. Doch, doch, der Flieger würde auf uns warten, sagten sie.

VIII.

Er wartete tatsächlich. Unsere Augen wurden groß und größer: dieses Flugzeug, eine Beech 200, war ausschließlich für uns bestellt! Es gehörte zur Rettungsflotte der Deutschen Rettungsflugwacht speziell für Kranken-Rücktransporte. Es parkte auf einer gesonderten Stelle auf dem Flugfeld, und der Krankenwagen hielt direkt davor. Das Rettungsflugteam stellte sich kurz vor, dann wurde Vincents Trage eingeklinkt und auf Schienen durch die enge Tür in einer Kurve ins Innere befördert. Außer drei Sitzen für das medizinische und für das sonstige Begleitpersonal (mich) war es vollgestopft mit medizinischen Apparaten. Vincent wurde mit Elektroden an mehrere Überwachungsgeräte angeschlossen. An Bord waren im Cockpit der Pilot und Co-Pilot, der verantwortliche Arzt, ein Rettungssanitäter, Vincent und ich. Was für ein unglaublicher Abschluss für diese Odyssee. Vincent genoss den kurzen Flug. Zur Feier des Tages servierte ihm der Rettungssanitäter eine kleine Bord-Cola in 10.000 m Höhe. Das brachte ihn wirklich zum Lächeln.

Der Arzt brachte uns noch persönlich mit einem weiteren Rettungswagen bis zum Krankenhaus. Da es über die Stadtautobahn nicht weit und heute auch kein Berufsverkehr war, konnte er noch mitsamt seinem Team wieder zurück nach Karlsruhe fliegen, um mit seiner Familie zu

Hause Sylvester zu feiern. Er hatte uns erzählt, dass das Rettungsteam mit dem Flugzeug auf den Arzt, der in jedem Fall den Kranken persönlich ans Krankenhaus übergeben muss, höchstens zwei Stunden warten darf und ansonsten ohne ihn zum Stützpunkt zurückkehren muss, um für weitere Einsätze bereit zu stehen, ggf. mit anderer medizinischer Besetzung, während der Arzt dann in diesem Falle den Zug nach Hause nehmen muss. So hat es für ihn noch gut geklappt.

Was für ein Empfang! In die Notaufnahme des Krankenhauses waren Tom und Jan-Hendrik, meine Eltern, Martin (Jan-Hendriks und Vincents Papa) und Vinca, seine Frau gekommen. Die diensthabende Schwester war so lieb gewesen und hatte einen der Behandlungsräume für unser herzliches und ausführliches Wiedersehen reserviert und uns verständnisvoll auch dafür Zeit gelassen.

Nachdem wir kurz erzählt hatten, sprachen die Ärzte mit Vincent, Tom und mir das weitere medizinische Vorgehen ab. Vincent sollte zunächst gründlich untersucht werden, und zwar unter Vollnarkose, was ihn unendlich erleichterte zu hören. Anschließend würde er ein Zimmer auf der chirurgischen Station bekommen. Sein Vater hatte sich bereit erklärt, die Nächte bei ihm im Zimmer zu verbringen, weil er nicht allein bleiben wollte. Das konnten wir gut verstehen. Tom, Jan-Hendrik und ich würden nach Hause fahren.

Diese gründliche Untersuchung und OP bei Vincent brachte noch Folgendes zu Tage: die Ärzte berichteten, dass sie am Po noch eine tiefe Wunde mit Klammern (von der ersten OP) vorgefunden hatten, und jede Menge Eiter aus der Wunde geschossen kam. Diese Wunde war offensichtlich beim Verbandswechsel in Thailand vergessen worden und hatte Vincent anscheinend auch nicht beim Liegen Schmerzen bereitet. Es war deshalb allerhöchste Zeit gewesen, dass sich jemand dieser Wunde annahm!!! Sie sagten uns auch noch mal, was für unbeschreibliches Glück er mit der langen Wunde in der Leiste gehabt hatte, denn dort ganz knapp daneben verläuft eine der Hauptschlagadern, und wenn sie getroffen worden wäre, hätten wir selbst mit Abdrücken der Ader nichts mehr ausrichten können und er wäre in meinen Armen verblutet.

Diese Was-wäre-wenn-...-gewesen-Fragen lassen mich immer ganz still werden. Andere Familien haben nicht dieses Glück erfahren dürfen und mussten mit ganz anderen Schicksalen fertig werden, gegen das unsers insgesamt ein Kinderspiel war. Wir mussten weder die längere bohrende Ungewissheit über einen vermissten Angehörigen durchstehen noch den Anblick von Toten ertragen, um jemand zu identifizieren. Trotzdem gehen solche Fragen unter die Haut. Zum Selbstschutz zwinge ich mich dann jedes Mal, solchen Gedanken nicht weiter nachzugehen, weil sie zu nichts führen. Ich bin mir aber heute viel bewusster, wie verletzlich wir sind. Was für ein Hauch ist unser Leben.

Sylvester! Wir verbrachten den Jahreswechsel völlig verschieden, Vincent mit seinem Papa im Krankenhaus, ich schlafend im eigenen Bett zu Hause und Jan-Hendrik und Tom mit einer Mini-Sylvesterfeier mit ein paar Raketen und Feuerwerk ebenfalls zu Hause. Heute Nacht wären wir eigentlich regulär von Bangkok nach Hause geflogen und hätten während des Rückfluges durch mehrere Zeitzonen vielleicht sogar mehrmals Neujahr gefeiert.

1. Januar 2005. Neujahr waren wir bei Vincent im Krankenhaus. Die lange Schienbeinwunde hatten sie folgendermaßen behandelt: Ein Vakuum-Verband, man muss sich das wie eine große flächig geklebte durchsichtige Folie längs übers Bein vorstellen, versiegelte die Wunde großflächig. Die Idee dabei ist, die Wundheilung unter Luftabschluss zu beschleunigen. Das Wundsekret wurde über einen Schlauch herausgeleitet. In ein paar Tagen sollte unter Vollnarkose dieser Spezialverband dann noch mal gewechselt werden. Soweit die Theorie – in der Praxis bildete sich innerhalb der nächsten Tage leider eine Beule unter der Klebefolie und ein umgekehrter Effekt trat ein: wie unter einem Topfdeckel schwoll die Wunde an, wahrscheinlich wegen der tropischen Keime, so dass der Schlauch nicht alles herausleiten konnte. Und jetzt begann für Vincent eine weitere Tortur! Da man ein Kind nicht beliebig oft unter Vollnarkose setzen kann, musste die fest über Bein und Wunde verklebte Folie (etwa 20 x 30 cm) ohne Betäubung abgezogen werden! Wieder konnten wir nur tatenlos zusehen, wie sich Vincent unter Schmerzen wand! Zwei Ärzte, die eigens Überstunden einlegten, nahmen sich dieser Prozedur an und ließen sich mit viel Ge-

duld auf das langsame millimeterweise Abziehen – mit vielen kleinen Pausen unterbrochen– ein. Vincents Albtraum ging also leider noch weiter, auch hier zu Hause. Es zeichnete sich auch ab, dass in ein bis zwei Wochen eine Hauttransplantation nötig werden würde, zu groß die Wunde, um die Haut darüber zusammenziehen zu können.

In den nächsten Tagen kam meine Mutter zu uns, um Jan-Hendrik und mich zu versorgen, denn Tom musste wieder arbeiten gehen. Da ich zu dieser Zeit zum Glück freiberuflich selbstständig war, konnte ich meine Aufgaben um zwei Wochen verschieben und verbrachte viel Zeit im Bett. Zum einen fühlte ich mich immer noch fiebrig, zum anderen hatte ich ein ausgeprägtes Sicherheitsbedürfnis. Täglich brachte meine Mutter mich auch mit dem Auto zum Verbinden des Fußes und weiterer Behandlungen wegen der Nebenhöhlenvereiterung, die einfach trotz Antibiotika nicht besser werden wollte, zum Arzt. Ich war ihr sehr dankbar dafür. Und danach fuhr sie mich ins Krankenhaus zu Vincent, wo wir uns mit Besuchen abwechselten. Jan-Hendrik, der oft zwischen Krankenhaus und zu Hause hin und herpendelte, hat in dieser Zeit einen großen Schub zur Selbständigkeit gemacht. Um ihn hat sich Tom hauptsächlich in dieser Zeit gekümmert.

Zum Glück bekam Vincent viel Besuch aus seiner Schulklasse und wurde mit Schularbeiten versorgt, denn aus dem Krankenhaus kam er erst nach drei Wochen, passend zum Schulhalbjahresende, um sich dann mit Krücken persönlich sein Zeugnis abzuholen. Insgesamt war er schließlich fünfmal operiert worden. Während der letzten

OP war der Oberarzt auf eine gute Idee gekommen, die dann eine Transplantation (und somit eine weitere Wundfläche am Körper) überflüssig machte. Indem er an den Wundrändern waagerecht die Haut von dem darunter liegenden Fleisch löste, konnte doch genug Haut unter nicht zu großer Spannung zusammengezogen werden, und direkt vernäht werden, ohne etwas einfügen zu müssen. Gott sei Dank!

Es hat dann noch über vier Monate gedauert, bis die Wunde am Po vollständig bis zum letzten Rest zugeheilt war, und bis heute ist ein deutlicher Krater unter der Haut zu sehen. Selbst das Tropeninstitut hatte nicht die letzten unbekannten Keime identifizieren können, die anscheinend für das Nässen der letzten kleinen Stellen in der Narbe verantwortlich waren. Dies flößt doch nachhaltig Respekt vor dem harmlosen türkis-blauen Meer in tropischen Gefilden ein. Der nachbehandelnde Chirurg bescheinigte Vincent auch, dass er Glück mit dem schrägen Verlauf der Schienbeinwunde hatte. Denn die Sehnen und Nerven, die den Fuß halten und für dessen Beweglichkeit verantwortlich sind, verlaufen ganz nah der Wunde.

Nach seiner Entlassung gingen wir einige Zeit später vorsichtshalber mit Vincent zu einer Psychologin, um eine posttraumatische Behandlung zu beginnen. Techniken wie ›Zuflucht suchen an einem imaginären sicheren Ort‹, die ›Tresor-Methode‹ (Bilder, die einen unkontrolliert überwältigen innerlich wie auf einer Videokassette zurückspulen, herausnehmen und in einen Tresor schließen) oder ›tappen‹ (zum nachträglichen Vernetzen der Hirnhälften und

koordinierten Verarbeitens des irgendwo im Gehirn abge-
legten Ereignisses) halfen ihm ein Stück, speziell mit seinem Erlebnis fertig zu werden, zeigten aber auch, dass er
zum Selbstschutz schon gute eigene Instrumente ersonnen
hatte. So konnte die Therapie nach ca. fünf Behandlungen
aufhören, weil zu sehen war, dass er die Geschehnisse ganz
gut selbst verarbeitet hatte.

Meine Nebenhöhlenvereiterung wurde schließlich
nach sechs Wochen mechanisch –nachdem kein Antibioti-
kum zu helfen schien – beseitigt (durchbohren, ausspülen),
wonach es mir deutlich besser ging. Der Fuß schwoll nach
und nach ab. Ich bin sehr dankbar, dass alles voll beweg-
lich ist und außer ein paar Narben kreuz und quer nichts
von der Verletzung zurückgeblieben ist.

Toms und meine erste Wieder-Begegnung mit dem
Meer war etwa ein Jahr später, als wir mit Freunden in
Spanien in deren in den Bergen gelegener Finca eine Woche Urlaub machten. Ein Ausflug zum Strand ergab, dass
gefühlsmäßig alles o.k. und der Anblick von Meer gut zu
ertragen war. Nie mehr würde ich mich allerdings mit dem
Rücken zum Meer setzen. Und den Blick hielt ich doch
recht fest die ganze Zeit auf den Horizont geheftet. Eine
Unterkunft in einiger Höhe über dem Meer ist für mich
seitdem wirklich zum Buchungskriterium geworden. Auch
wenn die Wahrscheinlichkeit so gut wie Null beträgt, im
Leben einen zweiten Tsunami zu erleben (Gott sei Dank),
muss ich doch gestehen, dass ich auch dort in Spanien einen kleinen Fluchtplan im Kopf zurechtgelegt hatte. Und
bei späteren Urlaubs-Vorüberlegungen fand sich die ganze

Familie irgendwie mit einem Mal vor der Atlaskarte der Naturgefahren (Plattentektonik, Vulkane…) wieder. Es hat uns wohl doch ein ganzes Stück mehr geprägt als wir bei hellem Tageslicht realisieren. Nebenbei bemerkt, können wir schwer nachvollziehen, wie man freiwillig am Fuße eines Vulkans wohnen kann. Oder auch nur in der Nähe der St.-Andreas-Spalte in Kalifornien, wo das nächste starke Erdbeben eigentlich nur eine Frage der Zeit ist.

Unser reguläres Rückflugticket habe ich bis heute aufbewahrt. Irgendwie ist diese Reise nicht zu Ende gegangen, und ich würde am liebsten bald noch einmal nach Thailand zurückkehren.

IX.

In den ersten Tagen des Januars erreichten uns noch mehrere Schicksalsnachrichten aus unserer nahen Umgebung. Eine Nachbarin war mit Herzinfarkt über Weihnachten ins Krankenhaus gekommen und hatte es nur ganz knapp überlebt. Mein Onkel in Westdeutschland lag im Sterben, Hautkrebs, ein qualvoller Prozess des Sterbens, der sich über Wochen hinzog. Von Freunden aus Amerika erreichte uns die Nachricht, dass bei ihrer sechsjährigen Tochter Leukämie diagnostiziert worden war und sie schnellstens mit einer Chemotherapie behandelt werden musste. Ich musste auch wieder an das krebskranke kleine Kind aus der Frankfurter Klinik denken. Hilfe!!! Soviel Leid um uns herum, unfassbar und schrecklich, selbst aus der Entfernung davon mitzubekommen!

Die Zeitung aufzuschlagen, brachte ähnlich Furchtbares: Kriege, misshandelte Kinder, bittere Armut, Terroranschläge. Warum fügen sich die Menschen selbst gegenseitig solche schrecklichen Dinge zu? Warum gibt es überall durch Menschen erzeugtes Leid, Not und Verzweiflung? Warum gehen die Menschen so mit sich und anderen um? Was für eine Welt, in der wir überlebt hatten! Wozu hatten wir überlebt, wenn die Erde aus diesem Entsetzlichen besteht. Wofür? Warum leben die Menschen nicht einfach dankbar ihr Leben und gehen respektvoll miteinander um!

Wie kurz und verletzlich ist doch das Dasein! Und die nicht selbst erzeugten Schicksale wie Krankheiten reichen völlig aus.

Mein eigenes Leben ging mir durch den Kopf. Hatte ich mich doch mit Mitte Zwanzig noch super gefühlt, die Welt nicht groß genug für mich und vor mir noch offen alle Handlungsoptionen und Lebensperspektiven. Dies war in den letzten Jahren aber eigentlich ziemlich umgeschlagen in Sorgen und Ängste, musste ich mir eingestehen, aber auf der anderen Seite auch Egoismus, Angst zu kurz zu kommen? Ängste vor Krankheiten, Jobverlust und Terrorgefahren, sie waren einfach größer geworden, parallel zu der zunehmenden Verantwortung für meine Kinder vielleicht oder beruflichen Unsicherheiten. Aber da war noch etwas anderes. Ich musste mich auch erinnern an den inneren Frieden, den ich schon mal erlebt hatte, als ich − etwa zwölf bis zwanzig Jahre alt − als überzeugte Christin gelebt und mein Leben Gott anvertraut hatte. Jetzt mit einem Mal sah ich, auf was für einen schmalen Grat ich im Grunde die letzten etwa siebzehn Jahre gebaut hatte, als ich dann meinte, eigentlich die Regie irgendwann doch besser selbst zu führen. Das war mir über die ganzen Jahre ganz gut gelungen, aber nur, weil ich jung und kerngesund war und auch meine ganze Familie, praktisch durch nichts beeinträchtigt! Die Jahreslosung für 2005 »Jesus Christus spricht: Ich habe für dich gebetet, dass dein Glaube nicht aufhöre« erreichte mich in Form eines Nachbarschaftsbriefes der evangelischen Kirche. Über das Internet bestellte ich mir eine Bibel in heutiger Sprache und begann Tagesandachten zu lesen. Und zu beten! Mir – uns – war ein neues Leben geschenkt worden. Es hatte begonnen, nachdem wir von der Welle ausgespuckt worden waren und den Kopf wieder über Wasser hatten. Nie könnte ich einfach so weiterleben wie vorher. Ich habe eine Umkehr erlebt, Gott für mein selbst gestricktes Patchwork um Vergebung gebeten und mein Leben wieder ihm anvertraut. Am meisten erfüllt mich bis heute die Dankbarkeit – weiterleben zu dürfen, aber in einer neuen Qualität oder mit einem anderen Bewusstsein. Alltägliche Dinge zu erleben macht mich schon dankbar.

Angesichts der beschriebenen Ereignisse hat es allerdings noch ein Vierteljahr gedauert, bis ich überhaupt wieder so etwas wie Lebensfreude und –kraft verspüren konnte und auch wieder volle Konzentrationsfähigkeit wiedererlangt habe, z.B. auf berufliche Dinge. Am Anfang, als ich meine beruflichen Tätigkeiten wieder aufnahm, musste ich mich sehr zu Konzentration und Arbeitsfähigkeit zwingen, denn ständig schweiften meine Gedanken ins Leere. Auch kam mir alles so bedeutungslos und nichtig vor.

Nachdem ich halbwegs, zuerst mit Krücken, wieder laufen konnte, habe ich eine christliche Gemeinde gesucht, in der Glaube nicht nur durch Tradition zum Ausdruck kommt, sondern lebendig gelebt wird (Baptistengemeinde). Prägnante Erfahrungen, die manche vielleicht Zufall nennen, haben mich seitdem schrittweise dazu ermutigt, mein Vertrauen wirklich weiterhin auf Gott zu setzen. So konnte ich beispielsweise mit nur einer einzigen Bewerbung einen neuen Job beginnen, rechtzeitig bevor meine vorherige projektbezogene Tätigkeit endete.

Meine Perspektive hat sich erweitert. Als Christ habe ich Aussicht auf ewiges Leben und das jetzige ist nur ein Abschnitt. Das finde ich sehr entlastend, weil ich dann nicht mit Ellenbogen darum kämpfen muss, vom Leben ja nichts zu verpassen und alles hier mitzunehmen, was nur geht. Ich kann meinen Blick deshalb mehr auch auf andere richten.

Jetzt, aus sicherem Abstand, bin ich eigentlich froh über eine Zäsur in meinem Leben. Denn die Erlebnisse haben mir die Gelegenheit gegeben, innezuhalten und die Chance eröffnet, noch mal mein Leben zu überdenken.

Ein dreiviertel Jahr später bin ich im Treppenhaus einer lieben Nachbarin begegnet. Ich wusste, dass sie seit Langem große Schmerzen am Rücken litt und nicht mehr gut schlafen konnte. Aber als ich sie an diesem Tag fragte, wie es ihr ginge, schaute sie mich mit merkwürdigem Blick an. Dabei bebte sie am ganzen Körper. Vor einer halben Stunde hatte ihr der Arzt eröffnet, dass sie Krebs im letzten Stadium und überall im Körper Metastasen habe. »Irgendwann mal ist für uns alle Schluss.« sagte sie noch. Es hat mich so erschüttert und den ganzen Tag nicht mehr losgelassen, so dass ich ihr am selben Abend noch einen Brief schrieb.

Denn ähnlich wie sie stehe ich gerne mit beiden Beinen auf dem Boden und baue mein Leben auf sicheren Grund. Es gibt aber Punkte im Leben, wo man allein nicht gut stehen kann, wo der Boden nicht mehr fest ist, sondern durch ein Erdbeben erschüttert. Mir ist jetzt, nach dem Tsunami, nicht mehr so wichtig, wie lange ich lebe. Wichtiger geworden ist mir die Frage, wohin ich gehe. Ich wünschte ihr die Erfahrung, dass Gott sie in dieser schwersten Zeit trägt und dass sie sich ihm anvertrauen möge. Ich fügte noch ein paar Seiten aus meinem Andachtsbuch bei zur Ablenkung für schlaflose Nächte und versprach, für ein bisschen Schlaf zu beten. Ich weiß nicht genau, ob sie Hoffnung und Gebete noch in ihr Herz gelassen hat. Nur drei Tage später ist sie gestorben.

Wie verletzlich wir sind.

»Der Mensch ist vergänglich wie das Gras, es ergeht ihm
wie der Blume im Steppenland:
Ein heißer Wind kommt – schon ist sie fort und wo sie
stand, bleibt keine Spur von ihr.
Doch die Güte Gottes bleibt für immer bestehen; bis in
die fernste Zukunft gilt sie denen, die ihn ehren.«
»Auf mein Herz, preise den Herrn! Alles in mir soll den
heiligen Gott rühmen! Auf mein Herz, preise den Herrn
und vergiss nicht, was er für mich getan hat!
Meine Schuld hat er mir vergeben, von aller Krankheit hat
er mich geheilt, dem Grab hat er mich entrissen, hat mich
mit Güte und Erbarmen überschüttet.«

Aus dem 103. Psalm

NACHWORT

Meine Motivation, dieses Buch zu schreiben, rührt nicht daher, mir etwas von der Seele schreiben zu müssen. Was auch? Wir sind glücklich zusammen und alle am Leben geblieben. Quälende Ungewissheit und großes Leid sind uns erspart geblieben. Unendliche Dankbarkeit erfüllt mich. Alltägliche Dinge schätze ich wie nie zuvor.

Was mich aber dazu motiviert, ist zum einen, der vielen Kritik zu begegnen, die Thailand entgegengebracht wurde. Wir haben sehr viel Hilfe erfahren und können nur Gutes berichten.

Zum anderen möchte ich den Leser mit hinein nehmen in die Sicht der Verletzlichkeit unseres Lebens. Einen Tsunami noch mal oder überhaupt einmal zu erleben ist äußerst unwahrscheinlich. Aber morgen kann uns eine unerwartete ärztliche Diagnose treffen oder ein Unfall oder sonst irgendetwas begegnen, das wir weder überblicken noch steuern können. Der Tsunami oder ein anderes Ereignis kann eine Stelle im Leben sein, um den Mut zu Veränderungen im eigenen Leben aufzubringen. Ich möchte ein Zeichen der Hoffnung setzen, denn den inneren Frieden, den ich gefunden habe, hat Gott ebenso jedem anderen Menschen zugesagt.